말하기 전에 생각했나요?

말하기 전에 생각했나요?

당당하게 말하지만
상처 주지 않는
대화법

권민창 지음

RISE

차례

CHAPTER 03

말하기 전에 생각해야 할 것들

CHAPTER 04

해야 할 말과 하지 말아야 할 말

CHAPTER 05

원하는 것을 얻어내는 말하기 기술

CHAPTER 06

한순간에 인생을 바꾸는 말투

CHAPTER 07

관계를 부드럽게 만드는 말의 비결

프롤로그

말 한마디로 마음을 사는 법

"너는 왜 말을 그렇게 해?"

"말을 참 예쁘게 잘하시네요."

이렇게 말 한마디가 한순간에 우리의 이미지를 결정한다. 누군가는 말 한마디를 잘못해서 예의 없고 배려 없는 사람으로 찍히고, 누군가는 배려 있는 말 한마디로 상대방에게 신뢰가 가고 존중할 수 있는 사람으로 기억되기도 한다.

이처럼 말은 우리 인생에서 가장 중요한 것 중 하나다. 많은 사람을 만나고 또 화법에 관련된 강의를 하다 보면 사람들이 자주 묻는 질문이 하나 있다.

"말은 타고나는 것 아닌가요?"

나는 이 질문에 항상 자신 있게 대답한다.

"절대 아닙니다. 노력에 달려 있어요. 다만 그 노력을 유지하려는 의지가 있느냐 없느냐에 따라 인생도 달라지겠죠."

노력이라는 키워드는 성공, 미래, 자기계발과만 어울린다고 생각할 수도 있지만, 놀랍게도 말을 잘하려면 노력이 필요하다. 처음부터 말을 예쁘게 하는 사람은 없다. 우리의 의사소통 방식은 본능적으로 효율성을 추구한다. 그렇기 때문에 단도직입적인 말로 상대방에게 불쾌감을 주기도 한다. 말이란 단순히 그 사람과 나누는 '대화'가 아니다. 그 자리에서 상대방을 온전히 이해하려 하고, 상대방과 정신적으로 교감하려고 하는 정성과 노력이다.

몇 년 전의 나도 그랬다. 미숙한 대화 방식으로 의도치 않게 상대방에게 상처를 주었고, 그로 인해 소중한 사람을 많이 잃었다. 그 당시에는 '이런 걸로 왜?' 하는 억울함을 많이 느꼈지만 지금 돌이켜보면 '상당히 배려 없이 말했구나', '상대를 정말 존중할 줄 몰랐구나' 하는 생각이 든다.

대화법을 어느 정도 깨달은 뒤로 나는 그 당시 미숙하게 대화하던 나에 비해 훨씬 여유롭고 행복해졌다. 내가 웃는 얼굴로 인사만 잘해도 사람들이 나에게 훨씬 우호적으로 변한다는 것도 알게 됐고, 대화를 할 때 내가 할 말만 하지 않고 상대방의 말을 질문으로 되돌려주기만 해도 상대방이 내게 훨씬 더 마음을 연다는 것을 알게 됐다. 이런 간단한 방법으로도 충분히 사람들과 더 잘 지내고, 건강한 관계를 이어나갈 수 있다.

말 한마디로 상대방의 마음을 사는 법!
이 책을 통해 많은 것을 얻어갈 수 있었으면 좋겠다.

권민창

Chapter 01

말하기 전에 생각했나요?

01

무례한 사람들의 세 가지 화법

최근 편의점에 갔을 때의 일이다. 연세 많은 할아버지가 계산을 하려고 카운터 앞에 서 있었다. 할아버지는 물건을 툭 던지듯 내려놓고는 "계산~" 하며 카드를 꺼냈다. 그 모습이 흥미로워 계속 지켜봤다.

사장님은 인내심이 대단해 보였다. 짜증이 날 만한 상황인데도 미소를 잃지 않고 친절하게 물었다.

"봉투에 담아드릴까요?"

사장님의 말이 떨어지기 무섭게 할아버지가 퉁명스럽게 대꾸했다.

"그럼 내가 손으로 다 들고 가리?"

마치 한 편의 잘 짜인 각본 같았다. 굉장히 친절한 사장님과 한없이 무례한 할아버지 이야기. 하지만 인생을 살다 보면 이렇게 무례한 사람들을 직장에서든 모임에서든 꽤나 자주 만난다. 그리고 그런 사람들 주변에는 어김없이 비슷한 사람들이 모여 있다. 끼리끼리, 유유상종은 이럴 때 쓰는 말이다.

장난인데 왜 그래?

SM C&C 플랫폼 '틸리언 프로'에서 20~60대 성인 남녀 5,051명을 대상으로 설문조사를 했다. "나는 예의 바른 사람이라고 생각하는가?"라는 질문에 '그렇다'는 대답이 48.3퍼센트였고, '아니다'라는 대답은 7.7퍼센트에 불과했다. 반면 "평균적으로 남들은 예의 바르다고 생각하는가?"라는 질문에 대해서는 '그렇다'가 28.9퍼센트로 낮게 나왔다. 이 말인즉슨 상당수의 무례한 사람들은 자신이 무례한 줄 모르거나 자신이 무례한 행동을 하는 데는 '정당한 이유'가 있다고 생각한다는 의미다.

주변을 돌아보면 그런 사람들이 굉장히 많다. 식당에서 '갑질'을 당했다며 식당 주인을 무릎 꿇리고 사과하게 만드는 사람들(하지만 나중에 알아보니 부당한 요구를 거절했을 뿐), 누군가에게 큰 상처를 주고도 "장난인데 왜 이렇게 민감하게 받아들여?" 하며 도리어 상대방을 좀생이로 만들어버리는 태도…….

이렇게 객관화가 안 돼 있는 사람들이 자주 하는 말이 있다.

"장난인데 뭘 그렇게 화를 내냐?"

하지만 정작 본인이 그런 일을 당하면 불같이 화를 낸다. 존중받지 못한다고 느끼고, 상대방이 무례한 말투를 써서 본인을 불쾌하게 만들었다고 여기는 것이다. 전형적인 '내로남불' 유형이다.

자신에게는 한없이 관대하고 상대방에게는 한없이 엄격한 이런 유형들이 짜증나는 이유는 스스로가 저지른 무례함은 기억하지 않고, 자신이 당한 것들만 기억 속에 차곡차곡 쌓아두기 때문이다. 만약 무례한 장난을 치고도 나를 속좁은 사람 취급하며 "그 정도는 네가 이해해야지" 하고 가스라이팅을 하는 사람들이 주변에 있다면 단호히 잘라내야 된다. 자기만 소중하게 생각하고 상대방은 먼지만큼도 배려하지 않는 그런 사람들은 결코 가까이 둘 이유도, 필요도 없다.

그 정도는 나도 하겠다

예전에 보디(Body) 프로필을 찍은 적이 있다. 오랫동안 준비하고 힘들게 촬영했는데 사진이 잘 나와서 굉장히 만족스러웠다. 그 당시 동아리 활동을 하고 있었는데, 얼마나 독하게 준비했던지 동아리 활동이 끝나고 가진 회식 자리에서도 단백질 셰이크를 마실 정도였다.

그 덕분에 촬영을 잘 마치고 맥주를 맘껏 마시고 안주도 실컷 먹으면서 친구와 기분 좋게 이야기를 나누었다.

"야, 민창이 그때 참 독하게 했지."

"그래. 그렇게 한 덕분에 멋진 사진 남겼잖아."

그런데 그때 나와 별로 친하지도 않은 데다 보디 프로필과는 정말 거리가 멀어 보이는 사람이 갑자기 다가와서는 불쑥 말을 걸었다.

"보디 프로필 그거, 그냥 찍으면 되는 거 아니에요? 나도 한 달만 열심히 하면 할 것 같은데."

어처구니가 없어 대꾸도 하지 않았다.

이렇게 무례한 사람들의 공통된 화법 중 하나는 상대방의 성취를 쉽게 폄하한다는 것이다. 본인은 해보지도 않고는 "그거 쉽다던데", "그거 안 어렵다던데", "그거 누구나 할 수 있는 거 아냐" 하며 입 모아 상대방의 가치를 깎아내린다.

사실 방구석에서는 누구나 빌 게이츠(Bill Gates)가 될 수 있고 일론 머스크(Elon Musk)가 될 수 있다. 중요한 건 실행한 뒤에 성과로 보여주는 것이다. 주변에 이런 화법을 쓰는 사람들이 있다면 그냥 화내기보다는 측은하고 불쌍하게 생각하자. 어떻게든 관심을 받고 싶은 거라고, 삶이 꽤 힘든 모양이라 여기며 어깨를 툭툭 쳐주고 위로해주자. 그러면 당신이 화를 낼 거라고 생각했던 그들은 무척 당황할 것이다.

난 뒤에서 딴 얘기 안 해

처음 만난 자리에서 "성형을 꽤 많이 하셨네요", "얼굴이 꽤 크신데요", "생각보다 나이가 있으시네요" 하는 식으로 상대방을 마구 깎아내리는 사람이 있었다. 엄청나게 무례한 말을 너무 당연하게 하는 바람에 당사자도 황당해할 정도였다. 그런데 그 사람이 늘 하는 말이 있었다.

"나는 뒤에서 딴 얘기 안 해요."

무례한 사람들이 자신을 보호하는 하나의 장치는 바로 이 말, "나는 그냥 앞에서 솔직하게 말하지 뒤에서 딴 얘기는 안 한다"다. 하지만 그 말 자체가 굉장히 무례한 거다. 솔직할 때가 있고 솔직하지 않아야 할 때가 있는데, 사리분별 못하고 나이 먹어서도 눈치라고는 없는 굉장히 어리석은 사람들이다.

이런 사람들에게는 웃으며 이렇게 받아치는 건 어떨까?

"차라리 뒤에서 얘기하지. 그건 앞에서 얘기할 내용은 아니지 않아?"

아니면 이렇게 돌려 까는 여유도 필요하다.

"적당히 솔직해라. 이러다 통장 비밀번호도 알려주겠네."

02

현명한 사람들의 특징적인 화법 세 가지

대화를 할 때 몸 안에 있는 모든 에너지가 빠지는 듯한 느낌을 주는 사람이 있는 반면, 한 달치 에너지를 단기간에 급속 충전한 듯한 기분이 들게 하는 사람들도 있다. 이처럼 상대방에게 긍정적인 에너지를 주고 더 나은 대화로 기분 좋아지게 하는 '현명한 사람'들의 대화법에는 대개 다음과 같은 공통점이 있다.

인정해주기

미국 심리학자 에이브러햄 매슬로(Abraham Maslow)는 인간의 욕구를 5단계로 구분했다. 매슬로는 사람은 어느 정도 안전과 생계가 해결되면 필연적으로 성공과 인정에 대한 욕구를 가질 수밖에 없다고 주장한다. 1단계인 생리적 욕구, 2단계인 안전의 욕구, 3단계인 소속과 애정의 욕구를 채우고 나면 결국 인정 욕구와 자아실현의 욕구로 나아갈 수밖에 없는 것이다.

그래서 대부분의 인간은 나를 깎아내리는 사람보다 나를 인정해주고 칭찬해주는 사람에게 끌릴 수밖에 없다. 나의 존재가치를 거기서 느끼기 때문이다. 현명한 사람들은 대부분 상대방을 인정할 줄 안다. 예를 들어보자.

"저는 8년 차 직업군인이에요."

이 말에 남을 깎아내리는 사람은 이런 식으로 반응한다.

"공무원이라 편하겠네요? 일도 쉽지 않아요?"

하지만 상대방을 존중해주는 사람은 이렇게 말한다.

"정말 대단하시네요. 아무나 못하는 일인데……. 덕분에 발 뻗고 편하게 삽니다. 감사합니다."

설령 이것이 100퍼센트 진심이 아니라도 크게 상관없다.

대화란 정답이 반드시 나와야만 하는 논쟁이 아니라 서로가 기분 좋으려고 하는 것이다. 그러니 서로가 서로에게 칭찬 품앗이를 하며 상대방을 인정해주고 존중해주면 된다. 로스-로스(Lose-Lose) 게임이 아닌 윈-윈(Win-Win) 게임인 것이다.

만약 상대방과 대화가 잘 안 통하더라도, "당신이 틀렸어요!"라고 단정 짓기보다는 "그렇게 생각하실 수도 있겠네요. 의견을 충분히 이해하고 존중합니다" 하고 상대방의 생각을 이해하고 인정해주는 것이 현명하다. 단순히 말 한마디라고 생각할 수도 있겠지만, "그렇게 생각하실 수도 있겠네요"라는 말의 힘은 정말 크다. "나와 다른데도 나를 배려해주는구나" 하고 감동받게 되기 때문이다.

상대방이 듣고 싶어 하는 방식으로 말하기

이스라엘 왕국의 3대 왕 솔로몬(Solomon)은 뛰어난 지식과 지혜로 백성들을 통치한 슬기로운 왕이었다. 《솔로몬 부자학》의 저자 스티븐 스캇(Steven K. Scott)은 솔로몬의 대화 방식 가운데 가장 중요한 것으로 '상대방이 듣고 싶어 하는 방식으로 말하기'를 꼽았다. 많은 사람이 상대방을 생각하지 않고 자신이 말하고 싶은 대로 말하는데, 이런 대화는 필연적으로 갈등을 야기하거나 불만을 일으킬 수밖에 없다.

이를테면 부모가 자식에게 "넌 뭐가 되려고 그렇게 게임만 하니?" 하고 말하면, 자식은 당연히 부모에게 반감을 가질 수밖에 없다. 자신이 존중받지 못할뿐더러 자신이 하는 일을 쓸데없는 것으로 취급하는 기분이 들기 때문이다. 반대로 똑같은 상황에서 이렇게 말하면 어떨까?

"엄마는 민창이가 게임할 때 즐거워하는 모습이 참 좋아. 하지만 민창이가 할 일을 하고 나서 게임을 하면 훨씬 더 재미있지 않을까? 어때? 엄마를 기쁘게 해줄 수 있을까?"

그러면 자식은 부모에게 존중받았다는 생각이 들어 부모님을 기쁘게 해드리려고 잠깐 즐거움을 뒤로하고 공부하게 될 확률이 높다.

마찬가지로 회사에서도 언성을 높이고 상대방을 압박하며 찍어 누르려 하는 상사에게는 반감이 든다. 하지만 실수를 했는데 이렇게 조곤조곤 말해주는 상사가 있다면 어떨까?

"누구나 실수를 할 수 있어요. 저도 그랬고요. 하지만 실수가 반복되면 그건 실력이라고 생각해요. 다음부터는 조심해주세요. 전 민창님 믿어요."

이런 상사 앞에서는 '이 사람을 실망시키고 싶지 않다'는 생각을 하게 된다.

상대방이 듣고 싶어 하는 방식으로 말한다는 것은 마음에 없는 소리를 한다거나 아첨을 하라는 말이 결코 아니다. 내가 스스로를 생각하는 것만큼 상대방의 입장도 고려하고 배려하라는 말이다. 그리고 그런 배려는 분명 내게 훨씬 크고 좋은 결과로 돌아오게 되어 있다.

센스 있게 칭찬하기

칭찬이 너무 과하면 독이 될 수도 있다. 영혼 없는 "최고예요", "대단해요", "멋집니다"는 자칫 상대에게 부담을 줄 수도 상대를 불편하게 만들 수도 있다. 하지만 현명한 사람들은 상대방을 잘 관찰한 뒤, 그것을 토대로 센스 있는 칭찬 한마디를 건넨다. 즉, 영혼 없는 "멋져요"가 아니라 "오늘 그 패션, 이미지랑 아주 잘 어울리세요"라고 한다거나, "민창 씨가 그렇게 자신감 있어 보였던 이유가 바로 이것 때문이군요" 하고 센스 있게 상대방을 치켜세우는 것이다.

센스 넘치는 칭찬은 기본적으로 상대에 대한 관심에서 비롯되므로 관심을 받은 상대방은 칭찬을 해준 나에게 고마워하고 나를 더 특별하게 생각할 것이다. 현명한 대화의 시작은 상대방에 대한 관심에서 비롯된다.

존중받고 싶다면 먼저 상대방을 존중하면 된다.
관심받고 싶다면 먼저 상대방에게 관심을 가지면 된다.
함께 있을 때 편한 사람을 만나고 싶다면,
먼저 상대방을 편안하게 해주려 노력하면 된다.
현명한 대화는 거창하지 않고 사소한 데서 시작된다.

03

현명한 대화를 위해 꼭 기억해야 할 P.I.H. 대화법

Psychological Safety(심리적 안전감을 제공하라)

20년 지기 고향 친구가 있다. 그 친구와 대화를 할 때 내가 힘든 점, 어려운 점을 이야기하면 항상 이렇게 말한다.

"많이 힘들제? 괜찮나? 니도 충분히 고민했을 낀데, 내한테까지 그걸 털어놓을 정도면 얼마나 힘들겠노? 내가 해줄 수 있는 게 그냥 듣는 거밖에 없어서 미안타."

그런데 놀랍게도 이 친구와 대화를 하다 보면 큰 힘을 받고 위로도 받아 나도 모르게 그 문제에 대한 해결책이 생각나는 경우가 많다.

혁신 아이콘의 대명사이자 세계 최고의 혁신 기업인 구글에서는 '최강의 성과를 올리기 위해 가장 중요한 조건'에 대해 '심리적 안전감(Psychological Safety)'을 꼽았다. 많은 사람들이 함께 인사이트를 공유하고, 또 그로 인해 효율적이고 스마트하게 일하려면 이 심리적 안전감이 필수인 것이다. 구글은 또한 회의에서 'Yes, And'의 원칙을 지킨다. 상대방이 설령 나와 생각과 가치관이 달라도 상대방의 대화를 듣고 '맞습니다, 그리고'로 대화를 시작하는 것이다. 이 대화법은 상대방에게 자신을 존중해준다는 안전감을 제공하고, 더 나은 아이디어 창출의 발판이 되어준다.

이 대화법은 비단 생산성의 측면에서뿐 아니라 일상에서도 굉장히 큰 힘이 된다. 내가 어떤 말을 하거나 행동을 해도 무시를 받지 않으리라는 '확신'에 의거한 대화는 훨씬 더 나은 아이디어를 도출하게 할 뿐 아니라 상대방과 좋은 관계를 유지하게 해준다.

I may be wrong!(저는 잘 모릅니다)

마이크로소프트는 많은 사람이 세계 최고의 기업으로 꼽

는 회사다. 하지만 2000년대 초반 이 회사는 큰 위기를 맞았다. 빌 게이츠의 뒤를 이어 CEO가 된 스티브 발머(Steve Ballmer)가 새로운 회사 성과 평가방식을 적용한 것이다. 성과 중심주의에 기반을 둔 이 '스택 랭킹(Stack-ranking) 시스템'은 성과에 따라 마이크로소프트 전 직원의 순위를 매긴 뒤 고성과자들에게는 그에 맞는 포상을 하고, 저성과자들은 거침없이 해고하는 방식이었다.

이렇게 철저한 상대평가 속에서 직원들은 불안에 떨면서 자신이 다른 사람보다 순위가 떨어질까 봐, 그래서 해고를 당할까 봐 동료의 아이디어를 보완해주지도 칭찬해주지도 않았다. 각자의 역량이 숫자로만 판단되면서 직원들은 단기적 성과에만 집중했고, 자연스레 신선한 프로젝트는 사라졌다.

책임을 지기 싫었던 직원들은 실패 가능성이 큰 프로젝트를 외면한 채 익숙한 것만 찾았고, 회사는 점점 하향세를 그려갔다. 애플이 아이폰을 출시하고 구글이 모바일 운영체제인 안드로이드를 인수함에 따라 마이크로소프트의 시장점유율은 큰 폭으로 하락하고 있었다. 많은 사람이 '마이크로소프트가 제2의 모토로라가 되는 게 아닌가' 걱정하던 가운데 마이크로소프트에 구원투수 사티아 나델라(Satya

Nadella)가 등장했다.

2014년 마이크로소프트 CEO가 된 그는 상대평가 시스템을 없애고 절대평가 시스템을 도입했다. 상대방을 밟아야만 내가 위로 올라갈 수 있는 시스템의 한계를 서로가 서로를 도우며 동반성장할 수 있는 시스템으로 바꾼 것이다. 사티아 나델라는 먼저 자신에게 이 원칙을 적용했다. 그가 가장 자주 한 말은 이것이었다.

"저는 잘 모르는데, 혹시 설명해주실 수 있나요?"

마이크로소프트에서만 수십 년을 일해왔고, CEO의 자리에까지 오를 만큼 능력 있는 사람이 모르는 게 그렇게 많았을까? 왜 그는 자꾸 모른다는 말을 반복했을까? 그것은 바로 "실수해도 된다", "실패해도 된다", "두려움을 갖지 말고 자신감 있게 자신의 의견을 말하라"는 무언의 신호였다. 사티아 나델라는 실패를 해도 서로를 독려하며 다시 도전할 기회를 주었고, 점차 직원들은 자신의 부족함을 드러내기 시작했다. 결국 그의 결정은 마이크로소프트를 다시 일으킨 최고의 한 수가 됐다.

구독자 170만 명 이상의 메가 유튜버 '신사임당'도 인터뷰를 할 때 상대방에게 이 질문을 많이 한다.

"아, 저는 잘 모르는데, 혹시 설명 좀 해주실 수 있나요?"

다양한 사람을 수없이 만나보았고, 또 많은 것을 이미 알고 있는데도 인터뷰이를 편하게 해주면서 최고의 역량을 이끌어내도록 배려하는 것이다.

이처럼 현명한 사람들은 자신이 이미 다 알고 있어도 상대방에게 "그거 내가 다 아는 거야", "뭐 그런 걸 굳이 얘기해" 하며 면박을 주지 않는다. 배려 없는 말투가 상대방에게 얼마나 큰 상처로 다가올지 잘 알기 때문이다. 그래서 다 알면서도 "아, 그 부분 한번 자세히 말해줄 수 있을까?" 하고 상대방의 대화 잠재력을 끌어올린다. 그 과정 중에 자신이 이미 다 아는 것으로 생각했지만 잘 몰랐던 부분도 더 배우게 된다.

How about this?(이건 어떨까요?)

정말 현명한 사람들은 명령보다 제안을 한다. 상대방이 압박감을 느끼지 않고 자연스레 '아, 이런 방식도 있겠구나' 하고 생각하도록 현명하게 접근한다. 비록 상대방의 아이디어가 별로라 해도 우선 경청하고 난 뒤 상대방의 마음을 편하게 해주면서 "이런 방식은 어떨까요?" 하고 제안

한다. 상대방은 "그건 별로니까 이렇게 해"라거나 "굳이 왜 그렇게 해?" 하는 강압적 제안보다 이런 제안을 훨씬 더 잘 받아들인다. 자신의 의견이 부정당했다는 느낌을 받지 못하니 당연히 자기 발언에 대한 두려움이나 자책을 느끼지 않고 긍정적으로 수용하게 되는 것이다.

현명한 사람들은 대화를 통해 상대방에게 답을 제시하기보다는 스스로 답을 찾게 만들어준다. 상대방에게 편안함을 느끼게 해주고, 그들의 진심을 움직여 생산적이고 긍정적인 대화를 유도한다. 현명한 사람들은 어떤 분야에서든 유의미한 성과를 보이고 두각을 나타낸다. 상대방의 감정을 헤아릴 줄 알고, 또 그들이 최고의 성과를 내게 만들면서 자신도 많이 배우고 적용하기 때문이다.

현명한 사람들의 P.I.H. 대화법을 삶에 적용해보자. 상대방을 존중하고 그로 인해 나도 발전하는 최고의 대화법이다.

04

상위 0.1퍼센트 말의 고수가 가진 세 가지

따뜻함과 진심

댄스 동아리를 하며 만난 형이 있다. 8년을 알고 지냈는데 잊을 만하면 연락을 주고받고 해서 오랜만에 연락해도 전혀 어색함 없이 편하다. 최근에도 급작스레 연락이 왔다.

"민창아, 커피 기프티콘 받았는데 네가 생각나서 보낸다. 잘 지내지?"

나도 기분 좋게 답을 했다.

"형, 저는 잘 지내죠. 별일 없어요? 어떻게 지내세요?"

공교롭게도 우리가 안부를 주고받은 날 다음 날이 내

생일이었다. 카톡에 생일이라고 뜬 걸 봤는지 형은 "미안하다. 네 생일인지도 몰랐네" 하며 핸드크림을 보내줬다. 형의 따뜻한 마음이 너무 고마워 "형, 커피 쿠폰 하나면 되는데 연락을 하루 일찍 하셔서 핸드크림까지 보내셨네요" 하고 장난을 쳤더니 형은 이렇게 말했다.

"때 맞춰서 너한테 두 개나 줄 수 있어서 참 다행이다. 나는 참 복 받은 사람이야. 신기하네. 커피 기프티콘을 받고 네가 생각나서 찾았는데, 다음 날이 생일이었네. 참 감사한 일이야. 이렇게 때를 맞춰 연락하기도 쉽지 않은데 말이지. 마침 주말이니 생일 재미있게 보내라, 민창아. 항상 건강하고. 무소식이 희소식이야."

그렇게 인사를 마무리하고 조용히 생각에 잠겼다. "두 개나 썼네, 아깝다"가 아니라 "두 개나 줘서 참 다행이다"라고 말해주는 지인이 있다는 게 감사했다. 그리고 '나도 누군가에게 이런 감정을 안겨주는 사람이 되어야겠다, 이런 화법을 쓰는 사람이 되어야겠다' 다짐하게 됐다.

말 한마디를 하는 건 그리 어렵지 않지만, 그 사소한 표현 덕분에 한 사람의 하루가 행복해질 수 있다. 그리고 그 행복을 가져다주는 요소는 '따뜻함과 진심'이다. 말을 잘하는 사람들은 상대방을 배려하고 또 그에 대한 진심을 말에 담는다. 그리고 그 말은 그 사람의 가슴에 아름답게 꽃으로 피어난다. 그들은 서로 존중하고 배려하며 하루의 행복을 선물하고 전달한다. 그렇게 사소한 하루가 모여 행복한 인생을 견고하게 한다.

긍정적 말투

주말에 사무실 이사를 한 적이 있다. 그때 이사를 도와주러 온 분이 언뜻 봐도 나보다 스무 살은 많아 보였다. 그런데 오자마자 90도로 인사를 하고는 예의 바르게 말했다.

"사다리차가 이쪽으로 주차가 안 될 것 같아 뒤쪽으로 가야겠습니다. 죄송한데 조금만 기다려주실 수 있나요?"

너무 정중하게 물어서 나도 기분 좋게 대답했다.

"그럼요. 천천히 해주세요."

사다리차를 주차하고 짐을 옮기면서도 계속 미소 지으며 즐겁게 일하는 모습이 인상적이어서 잠깐 쉴 때 옆에 가서 말을 걸었다.

"사장님이 아주 긍정적인 분이신 것 같아 저도 기분이 좋아지네요. 사람을 기분 좋게 하는 매력이 있으시네요."

내 말에 그분은 이런 이야기를 들려주었다.

“제 나이가 올해 쉰이 넘었습니다. 20대에는 무시당하기 싫어서 항상 찡그리고 다녔고, 30대에는 연이은 사업 실패로 표정이 우울해졌죠. 하지만 40대가 되고 나서 스스로 굳은 다짐을 했습니다. 성공은 하늘이 내려주시는 것이지만 행복 여부는 스스로 결정할 수 있으니 매사에 긍정적으로 살자고 말이죠. 그래서 매일 거울을 보며 웃는 연습을 했습니다. 처음부터 잘되진 않았어요. 수십 년을 찡그리고 살았으니까. 그런데 매일 그렇게 연습을 하니까 마법같이 표정이 변하더라고요. 그러자 인생도 바뀌었어요.”

성공은 하늘이 내려주지만 행복은 스스로 결정할 수 있다는 사장님의 한마디가 가슴에 진하게 남았다. 연휴에도 일하는 게 짜증날 법도 한데 긍정적인 태도로 일해주어서 주변 사람들도 그 덕분에 행복해졌던 기억이 난다.

하버드대학교 심리학과 교수인 로버트 로젠탈(Robert Rosenthal)은 1968년 아이들에게 지능검사를 실시한 뒤 그 결과와 상관없이 무작위로 20퍼센트를 뽑아 명단을 만들었다. 그리고 교사들에게 ‘지적 능력이 뛰어나거나 향상 가능성이 높은 학생 명단’이라고 알려주었고, 교사들은 그 명단의 아이들에게 훨씬 더 많은 관심과 격려, 긍정의 말을 해주었다. 그 결과 20퍼센트의 학생들은 다른 학생들보다 훨씬 더 좋은 성과를 냈다. 이러한 효과를 심리학에서는 '로젠탈 효과'라 한다.

상대방에게 긍정의 말을 하고 또 기분 좋은 칭찬을 하면 상대방도 그에 따라 기분이 좋아져서 대화가 생산적·발전적으로 전개될 수 있다. 말의 고수들에게는 상대방을 기분 좋게 하는 힘이 있어서 그로 인해 상대방의 진심을 이끌어내고 숨은 역량을 이끌어낸다.

상대방에게서 대화 소재 찾기

말을 잘 못하는 사람들이 가장 많이 하는 말 중 하나가 "무슨 말을 해야 할지 잘 모르겠어요"다. 관심사와 취미, 생활방식이 달라 대화가 안 통한다는 것. 하지만 말의 고수들은 상대방의 관심사에 먼저 관심을 갖고 거기서 대화 소재를 찾는다. 예를 들어 본인은 술을 잘 못 마시는데 상대방이 와인을 즐긴다고 하면 이런 식으로 접근한다.

"와인을 좋아하시는군요. 혹시 괜찮은 와인의 기준이 있으신가요?"

"와인은 어떤 음식과 특히 잘 어울리나요?"

이렇게 상대방의 관심사에 관심을 보이며 먼저 적극적으로 질문을 하는 것이다. 인간은 기본적으로 자신에게 관심을 가져주는 사람에게 끌리게 마련이니 대화가 잘 풀리는 것이 당연하다.

발전적이고 좋은 대화를 위해서는 나의 관심사를 적극적으로 어필하기보다는 상대방의 관심사에서 대화 소재를 먼저 찾는 노력이 필요하다. 패션이면 패션, 독서면 독서, 운동이면 운동 그렇게 계속 얘기하다 보면 예상치 못한 부분에서 접점이 생길 수도 있다. 설사 그렇지 않더라도 상대방을 잘 알게 되고, 자연적으로 친분이 생기며, 더 나은 관계를 만들어갈 수 있다.

좋은 대화를 바란다면 먼저 상대방에 대해 물어보자. 그럼 상대방도 나에 대해 궁금해할 것이다.

05

현명한 대화를 위해 반드시 알아야 할 세 가지

상대에게 예민해지자

어린 시절, 친구의 약점을 가지고 계속 놀려댄 적이 있다. 그 친구는 성격이 너무 착해서 그냥 웃어넘기다가는 어느 날 폭발한 이후 다시는 내게 말도 걸지 않았다. 그때는 왜 그렇게 갑자기 화를 내고 예민하게 구는지 불만스러웠는데, 지금 돌아보면 정말 부끄럽고 미안할 뿐이다.

현명하지 못한 대화를 하는 사람들을 보면 자신에게는 예민하지만 상대방에게는 더없이 둔감한 경우가 많다. 상대방이 나에게 조금이라도 불편한 행동이나 말을 하면 득

달갈이 달려들지만, 상대방에게 아무렇지 않게 무례를 저지르고는 "뭐, 그 정도는 이해할 수 있잖아?" 하며 이해를 강요한다. 그렇게 상대방은 억지로 쓴웃음을 지으며 참고 또 참는다. 하지만 속으로는 인내 게이지(Gauge)가 계속 올라가게 되고, 그 게이지를 건드리는 어느 순간 칼같이 돌아서게 된다.

그렇게 소중한 인연을 한순간에 잃기 전에 우리는 상대방에게 더없이 민감해져야 한다. 이는 상대방의 눈치를 봐야 한다는 말이 아니라 내가 나를 배려하는 만큼 상대방도 배려해주라는 말이다. 자칫하면 상처가 될 수도 있는 대화 주제나 말을 최대한 삼가고 상대방을 편하게 만들어주자.

계산하지 말자

'내가 이 정도를 너에게 보여줬으니 너도 최소한 그 정도는 보여줘야 해'라거나 '네가 이 정도를 드러내지 않으면 나도 절대 안 드러낼 거야'라는 마음이 대화에서 느껴지는 사람들이 있다. 이들은 펜실베이니아대학교 와튼스쿨 애덤 그랜트(Adam Grant) 교수의 책 《기브 앤 테이크》에 나오는 기버(Giver), 매처(Matcher), 테이커(Taker) 중 매처에 해당하는 사람들이다. 먼저 주는 만큼 내가 맞춰주는 유형이다.

하지만 인간관계에서 이런 태도는 상대방에게 굉장히 계산적으로 보이며, 오히려 상대방이 깊은 속 이야기나 중요한 대화를 하고 싶지 않게 만든다. 먼저 마음을 내보여주고 상대방이 마음을 안 열면 그만이고, 열면 그때부터 서로 진솔하고 즐거운 대화를 나누면 된다.

감정이나 대화를 계산하지 말자. 계산이 시작되는 순간부터 현명한 대화는 단절된다.

감정표현을 '잘'하자

예전에 한 친구가 회사 상사가 주말에도 개인 업무 지시를 하는 바람에 너무 화가 난다고 말한 적이 있다. 나는 그 상황에서 개인 업무 지시에 대한 불합리함을 최대한 잘 정리해서 이야기하는 게 좋지 않겠느냐고 말했다. 하지만 친구는 불편한 상황이 싫어서, 괜히 더 책잡힐까 봐 말을 못한 채 불합리한 업무를 계속하다 결국 터져버렸다. 한바탕하고는 퇴사를 해버린 것이다.

나는 좀 안타까웠다. '애초에 그 상황에 대해 잘 이야기를 했다면 어땠을까' 하는 생각이 들었기 때문이다. 무조건 예스맨, 예스우먼이 되라는 게 아니라 이런 식으로 정중하면서도 확실하게 선을 긋는 태도가 필요하다.

"상사님. 주말에도 회사를 위해 정말 노력해주시고 이렇게 열정적으로 미래 지향적인 비전을 보여주셔서 감사합니다. 하지만 주말에까지 이어지는 개인적인 업무 지시에 대해서는 제가 조금 불편합니다. 괜찮으시면 월요일에 출근해서 일을 처리해도 될까요?"

만약 이렇게 정중한 말투에도 화를 내는 오너가 운영하는 회사라면, 단언컨대 하루빨리 탈출하는 것이 인생에서 막심한 손해를 보지 않는 방법이다.

현명한 사람들은 불편하거나 무례한 말을 들었을 때 그냥 웃어넘기지 않는다. 감정의 둑에 감정이 쌓이는 걸 방치했다가는 언젠가 크게 터진다는 걸 잘 알고 있기 때문이다. 그래서 자신의 감정을 정확히 표현하고 넘어간다.

"제가 ○○님의 말을 듣고 좀 불편하다는 생각이 드네요. 배려 좀 부탁해도 될까요?"

"○○야, 내가 그 말 때문에 기분이 좀 안 좋아. 혹시 왜 그렇게 말하는지 물어봐도 될까?"

이렇게 감정을 쌓아두지 말고 깔끔하고 정확하게 표현하자. 어떤 상황 때문에 불편하고 불쾌한지 상대방에게 이성적으로 표현하자. 상대방이 정상인이라면 그런 예의 있는 표현을 듣고는 결코 당신을 함부로 대하지 못할 것이다. 만약 그런 예의 있는 감정 표현에도 불구하고 이해하지 못하거나 도리어 화를 낸다면 깨끗이 인연을 정리하면 된다.

감정 분출에는 크게 세 가지 유형이 있다. 고슴도치형, 화산형, 수도꼭지형이다.

고슴도치형은 날카로운 가시를 세우고, 그 안에 꽁꽁 숨어 자신의 감정을 절대 드러내지 않는다. 그래서 상대방은 이 사람이 어떤 감정을 품고 있는지 또 어떤 생각을 하는지 알지 못해 답답한 경우가 많다. 감정을 어떻게 표현하는지조차 잊어버린, 스스로에게 가장 위험한 유형으로 남들이 싫어할까 봐, 남들이 안 좋게 볼까 봐 두려워서 감정 표현 자체를 하지 않는다.

이 경우에는 서툴러도 계속해서 자신의 감정을 표현하는 연습을 해봐야 한다. 감정 속에 꽁꽁 묻혀 있던 진심이 드러나면 그동안 미처 인지하지 못했던 전혀 다른 세상을 경험하게 된다. 자신이 어떤 사람인지 명확해지는 과정이다.

화산형은 감정의 스펙트럼이 대단하다. 누군가가 계속 불편하게 해도 휴화산일 때는 절대 터지지 않는다. 자신이 화의 게이지를 정해놓고 그 게이지까지 가지 않으면 어떻게든 꾹 참는 것이다. 하지만 그 게이지에 도달하는 순간, 누구보다 강렬하게 터진다. 감정의 활화산이 되어버리는 것이다. "쟤 갑자기 왜 저래?", "걘 한번 욱하면 끝장이야"에 해당하는 유형인 것.

100번 잘해줘도 한 번 터지면 이상한 사람 되는 게 세상의 이치다. 따라서 이 유형은 감정의 게이지를 낮추거나 감정의 휴화산 시기에도 용암이 흘러나오는 것을 보여줘야 한다. 감정은 절대 참는 것이 아니다. 순간순간 느껴지는 것을 현명하게 표현하는 연습이 필요하다.

마지막으로, 수도꼭지형은 자신이 원할 때 감정을 잠글 수도 또 적절히 내비칠 수도 있는 바람직한 유형이다. 이 유형에 해당하는 사람들은 자신의 감정에 솔직하고, 또 어떤 순간에 감정을 내비치고 숨겨야 하는지에 대해서도 매우 잘 알고 있다. 그렇기 때문에 감정이 들어간 대화를 할 때는 감정의 수도꼭지를 열어놓고, 또 감정이 들어가지 않은 대화를 해야 할 때는 단단히 잠근다. 이 유형은 대개 현명하며, 함께 대화를 나누면 편하다는 느낌을 준다.

나는 누군가에게 어떤 사람인가. 상처받는 것이 두렵고 상대방과 갈등을 빚기 싫어 애써 감정을 꾹꾹 눌러 담아 스스로를 힘들게 하는 사람인가, 아니면 나를 잘 알고 내 감정을 정확히 표현하며 상대방과 더 단단한 관계를 맺는 사람인가. 자신의 감정을 예의 바르되 단호하게 표현하며 상대에게 인지시키는 것이 대화를 통해 좋은 관계를 맺는 가장 좋은 방법이다.

06

사람의 마음을 사로잡는 세 가지 말투

완급 조절

커뮤니케이션에 관심이 많아 커뮤니케이션 전문 강사들의 강의를 온오프라인에서 아주 많이 수강했다. 그런데 그중에서도 특히 좋아하는 강사가 김창옥 교수다. 중저음의 목소리에 적당한 유머 그리고 메시지를 끝까지 전달하는 힘이 좋아 같은 내용을 다루더라도 전혀 다른 감동을 준다. 김창옥 강사의 대화 방식에서 특히 돋보이는 스킬은 완급 조절이다. 그는 중요한 말을 하기 전 항상 2초 정도 텀을 둔다. 뜸을 들이며 사람들을 한순간에 집중시키는 것이다.

그런 집중 후 나오는 말에는 훨씬 더 무게감이 실리고, 당연히 사람들의 기억에 더 남는 강의가 된다.

이는 비단 강의뿐 아니라 일상 대화에서도 마찬가지다. 주변을 돌아보면 속사포처럼 쉬지 않고 말하는 사람들이 있다. 이들은 최대한 자신의 의견을 관철시켜야 한다는 강박이 있어 상대방에게 피로감을 준다. 이와는 달리 말을 많이 하지는 않지만 한마디 한마디가 크게 다가오는 사람들이 있다. 이들은 말의 완급 조절을 아는 사람들이다. "그런데 말이지" 하고 잠깐 텀을 둔 뒤, "이런 방식이 좋지 않을까?" 하는 식으로 자신이 말하고자 하는 것을 상대에게 전할 때 훨씬 더 신뢰가 가고 믿음이 생긴다.

그렇기 때문에 말을 할 때 가장 중요한 것은 빠르기가 아니라 얼마만큼 상대방을 집중시키느냐다. 말의 완급 조절을 위해 노력하자. 무조건 빨리하거나 천천히 하는 것이 아니라 빨리 말해야 하는 상황에서는 빨리 말하되 중요한 부분을 전달할 때는 2~3초 정도 텀을 두자. 그러면 말에 훨씬 더 큰 힘이 실릴 것이다.

명령조를 의문문으로

예전에 다닌 직장에서 내가 가장 좋아한 상사는 항상 나에게 이렇게 말했다.

"내가 제대로 설명한 게 맞을까?"

"혹시 이해가 안 되는 부분이 있을까?"

그는 부탁을 할 때도 "혹시 이것 좀 해줄 수 있어?" 하고 말했다. 그의 말은 다른 상사들의 습관적인 명령조보다 훨씬 부드러웠고 들으면 기분이 좋았다. 그래서 나도 사람들에게 그런 식으로 부탁해야겠다는 생각이 들었다.

여러분도 기억을 돌이켜보면 비슷한 경험이 있었을 것이다. 말을 들었을 때 '뭐야, 내가 네 종이야?' 하고 반감을 갖게 하는 사람이 있다. 이와는 달리 '정말 예의 바르게, 기분 좋게 부탁하시네. 얼른 해드려야지' 하며 자연스레 움직이게 하는 사람도 있다. 이런 사람을 보면 일상에서도 그런 습관이 몸에 배어 있다. 이를테면 창문을 열어야 할 때도 "창문 좀 여세요. 창문 좀 열라고"가 아니라 "좀 더운데 혹시 괜찮으면 창문 좀 열어주겠어요?" 하고 상대방을 존중하며 부담스럽지 않게 부탁한다.

식당에서도 마찬가지다. 종업원들에게 "수저 주세요"라

고 말하는 사람보다 "괜찮으시면 수저 좀 주시겠어요?" 하고 말하는 사람이 훨씬 더 젠틀해 보이고 멋져 보인다. 말이 길어지는 것을 비효율적이라고 생각할 수도 있지만, 말 몇 마디 더 해서 상대방이 '와, 되게 배우신 분이네?' 하고 느끼게 된다면 그것이 훨씬 효율적이다.

상대방에 대한 인식은 그 사람의 행동과 말투에서 비롯된다. 설령 친한 친구라도 또 오래 알고 지냈더라도 명령조로 "야, 이거 해", "이거 빨리 해라"는 식으로 말하는 것은 편안함을 가장한 무례다. 상대방이 그런 말투에 별 반응을 보이지 않을 수도 있지만 존중받지 못하는 데 대한 섭섭함이 마음 한구석에 분명 남을 것이다. 그리고 그런 섭섭함이 커져 소중한 관계가 한순간에 단절될 수도 있다.

어떤 부탁을 할 때 명령문이 아니라 의문문으로 하는 연습을 해보자. 말은 좀 길어지겠지만 상대방의 마음을 그만큼 확실히 얻는 방법이다.

쉽고 구체적인 표현

SNS를 찾다가 우연히 우리나라에서 가장 유명한 스피치

강사 이민호 대표의 영상을 보게 됐다. 네 살 된 딸 라온이에게 요트의 속도인 20km/h에 대해 설명하는 영상이었는데, 그 영상을 보고 신선한 충격을 받았다.

"아빠, 저게 얼마만큼 빠른 거야?"

라온이의 질문에 이 대표는 "한 시간에 20km 가는 거야" 라든가 "저거 별로 안 빠른 거야" 하는 대신 이렇게 대답했다.

"라온아, 아빠랑 예전에 마트 갔을 때 주차장에서 주차하려고 돌았던 거 기억나? 그때 아빠가 좀 천천히 차를 운전했잖아? 딱 그 정도 빠르기라고 보면 돼."

이 대표는 그 말에 라온이가 바로 이해했다면서 대화를 할 때는 반드시 상대방이 이해할 수 있게 최대한 쉽고 구체적으로 표현해야 한다고 말했다. 그것이 스피치의 핵심이라는 것이다.

정말 120퍼센트 공감할 수밖에 없는 이야기다. 지식의 저주라는 말이 있다. 내가 아는 지식을 상대방도 알고 있으리라는 전제하에 대화를 시작하는 것을 말한다. 이를테면 마케팅 업종에 있는 사람이 마케팅에 문외한인 사람에게 이렇게 말한다면 어떨까?

"마케팅에서 가장 중요한 건 우리만의 USP를 찾는 것입니다. CPC를 고려해서 타깃층을 잡고 BDC를 하든 DA나 SA를 하든 해봐야 해요. 구글 SEO도 한번 고려해보고, 전체적으로 ATL, BTL, TTL도 다 고려해서 KPI를 도출해야 합니다.”

상대방이 알아들을까? 아마 영혼 없는 끄덕임만 있을 것이다. 하지만 이렇게 달리 표현한다면 어떨까?

“마케팅은 연애와 같습니다. 우선 연애에서 가장 중요한 건 서로에 대한 마음의 표현이겠죠. 마음을 표현하기 위해서 우리는 어떻게 하나요? 연인을 위한 작은 이벤트를 준비하기도 하고, 손편지에 진심을 담아 사랑을 고백하기도 하죠. 그런 일련의 과정을 통해 연인은 ‘아, 이 사람이 나를 정말 사랑하는구나’, ‘나를 끔찍이 생각해주는구나’ 하고 확신하게 될 겁니다. 마케팅도 이와 같습니다. 끊임없이 고객에게 진심을 표현하고 알아달라고 말하는 것, 그게 마케팅입니다.”

아주대학교 인지심리학과 김경일 교수는 <어쩌다 어른>이라는 TV 프로그램에서 전 세계 상위 0.1퍼센트만이 지닌 공통점에 대해 이렇게 말한다.

IT 분야인 실리콘 밸리, 금융 분야인 월스트리트, 자연과학 분야인 막스 플랑크 연구소까지 모든 분야를 통틀어 뛰어난 사람들은 정작 IQ나 성별이나 집안 소득에서는 기타 평범한 사람들과 크게 차이가 없습니다. 하지만 그들이 성공할 수 있었던 이유는 바로 '설명하는 습관'이죠.

사업 설명을 청소 담당자에게 한다거나 전혀 모르는 아이들에게 하는 겁니다. 내 사업을 모르는 청소 담당자도 이해한다면 그만큼 자신들이 그 사업을 완벽하게 인지하고 있다고 생각하기 때문이죠.

내 분야를 모르는 사람들이 쉽게 알도록 설명할 수 있어야 합니다. 다양한 사람들을 만나 대화하고 설명하면서 내 생각을 점검받을 때 우리의 능력이 발전합니다. 그리고 그 생각의 융합을 통해 지혜로운 통찰이 가능합니다.

결국 대화에서 가장 중요한 것은 대중성과 공감이다. 어렵게 말할 필요 없다. 최대한 쉽고 구체적으로 상대방에게 전달하면 된다. 당신의 그 아름다운 배려를 상대방도 당연히 느껴 기꺼이 마음을 열 것이다. 그러면 훨씬 더 생산적이고 긍정적인 대화가 가능하다.

07

5초 만에 칼같이 손절해야 할 무례한 대화법

대화를 하면 할수록 구렁텅이에 빠지는 듯한 느낌을 주는 사람들이 있다. 이들은 대화 내용이 비생산적이고, 항상 같은 말만 하며, 상대방을 깎아내리고, 무례한 행동을 스스럼없이 한다. 이런 사람들과는 당장 관계를 끊어야 한다. 이들의 공통점을 알아보자.

뒷담화

우리나라 최고의 MC 신동엽은 몇 년 전 JTBC 〈마녀사냥〉

이라는 프로그램에서 이런 명언을 남겼다.

"뒷담화는 반드시 돌아오기 때문에 절대 하지 말아야 한다. 그리고 남의 뒷담화를 상대방에게 전하는 태도도 정말 조심해야 한다."

하면 할수록 자신의 이미지에 마이너스만 되는 행동이 바로 뒷담화다. 뒷담화를 할 때는 더없이 즐겁다. 누구나 마음에 들지 않는 상황이나 사람은 있기 때문이다. 또한 뒷담화의 대상은 대개 뒷담화를 할 만한 소재를 제공하기도 한다. 하지만 그렇다고 해서 낄낄거리며 그 사람의 뒷담화를 스스럼없이 남들과 나눈다면, 결국 그 뒷담화는 내게 돌아오게 되어 있다.

무례한 대화법을 쓰는 사람들의 공통점 중 하나도 다른 사람에 대한 뒷담화다. 이런 사람들은 상대방에게 굉장히 엄격하기 때문에 그 기준에 미치지 못하는 사람들은 어김없이 뒷담화의 대상이 된다.

"걔 그거 너무 별로지 않아?"

"난 그 사람 그럴 때 진짜 싫더라."

자신이 하는 행동이나 말은 생각하지 못하고 상대방의 안 좋은 점만 들춰내 뒤에서 쑥덕대는 사람들은 다른 데 가서는 내 욕도 할 가능성이 농후하다. 그렇기 때문에 이런 사람들은 반드시 멀리해야 한다.

딴지 걸기

예전에 내가 직장 생활을 하며 책을 쓴다고 말했을 때 응원하는 사람도 많았지만 딴지를 걸고 시비 거는 사람도 있었다.

"야, 민창아. 네가 무슨 책이야? 그냥 조용히 살아."

"책 쓰는 게 얼마나 어려운데 네가 할 수 있겠어?"

"내 주변에 책 쓴 사람이 있는데, 노력 대비 진짜 별로라더라."

책 쓰는 데 뭐라도 보태주지는 못할망정 정신적인 딴지를 거는 사람들이었다. 나는 그들에게 반드시 증명하고 싶어서 책을 썼고, 지금은 그 사람들보다 훨씬 더 풍족한 인생을 살고 있다.

뭔가를 하려 할 때 딴지를 거는 사람은 무조건 있다. 그런데 그 딴지 거는 사람들이라는 게 정작 내가 하고자 하는 분야에 경험이 없거나 발만 담근 경우가 많다. 자신은 경험도 없고 심지어 일을 추진할 만한 지속성과 끈기도 없으면서 발은 담가봤다고, 주변에서 지인들이 하는 이야기를 들었다고 섣불리 조언을 하는 것이다.

사실 이런 사람들의 말이나 위로를 가장한 딴지에는 절대 신경 쓸 필요가 없다. 과감하게 차단하고 내 갈 길 가면 된다. 하지만 사람은 환경에 영향을 받을 수밖에 없는 존재다. 그렇기 때문에 주변에서 계속 이런저런 이야기를 하면 '내가 과연 잘할 수 있을까?', '그렇게 힘든 일일까?', '지금 시작하는 게 손해인가?' 하고 스스로를 의심하게 된다.

그래서 이런 사람들은 더욱더 멀리해야 할 필요가 있다. 이들과 대화하며 나를 의심하고 못 미더워할 시간에 나를 믿고 응원해주는 사람들과 건강한 대화와 가치관을 나누자. 그게 훨씬 더 의미 있다.

상황과 사람에 대한 변명

무례한 대화를 하는 사람들은 대체로 자기 자신을 쓸데없이 과대평가하는 경향이 있다. 이들은 항상 과거에 산다. 이들이 공통적으로 하는 말은 '내가 과거에는 진짜 대단했는데 그것만 아니었으면…'이다. 잘되지 않은 현실을 개선하고 더 나은 삶을 살기 위해 노력하기는커녕 만족스럽지 못한 현실의 이유를 뭔가의 '탓'으로 돌린다. '내가 그때 ~만 안 했더라면', '내가 그때 그 선택만 하지 않았어도' 하며 잘되지 못한 이유를 자신에게서 찾지 않고 다른 데서 찾으려 애쓴다. 그렇게 스스로를 변호하고 변명하면 일시적으로는 공감을 살 수 있지만 그것이 계속되면 다른 사람의 눈에는 징징대는 것으로밖에 안 보인다.

무례한 대화를 하는 사람들은 남을 깎아내림으로써 스스로의 부족함을 변명하려들고 끊임없이 상황과 사람에 대한 변명을 한다. 그렇기에 이런 사람들과는 반드시 관계를 끊어야 한다. 과거에 얽매인 대화를 하는 사람들보다 미래를 지향하는 대화를 하는 사람들을 만나야 우리가 발전하고 성장할 수 있다.

나이가 벼슬(초면에…)

어떤 모임에 갔는데 초면에 나이를 묻고는 내가 형이니 누나니 하며 말 편하게 하겠다고 대뜸 말하는 사람이 있었다. 내가 동의하지 않은 서열 정리였다.

나는 단호하게 말했다.

"아, 저는 친분도 없이 초면에 나이로 말 편하게 하는 걸 별로 좋아하지 않습니다."

그랬더니 나에게 굉장히 까다로운 사람이라고 말하는 걸 보고 '아직까지 저런 사람들이 굉장히 많구나' 하고 놀란 적이 있다.

나이로 서열을 정리하는 사람들의 공통적인 특징은 내세울 게 나이밖에 없다는 것이다. 능력이 부족하니 그렇게라도 상대방보다 우위를 선점하고 싶은 것인데, 이는 사실 굉장히 무례한 태도다. 일찍 태어났다고 상대방보다 잘난 것도 아니고, 또 늦게 태어났다고 상대방보다 미성숙한 것도 아니다.

나이로 서열을 나누고 판단하는 사람들은 자신이 상대방보다 뛰어나다고 생각하는 점이 나이밖에 없어 그런 태도를 취하는 것이다. 그래서 사람을 만났을 때 나이로 섣불리 서열을 정리하려고 하는 사람들은 되도록 멀리할 필요가 있다. 자신은 그게 편하지만 상대방은 편하지 않을 수도 있는데, 그에 대한 배려나 센스가 없는 사람들과는 대화를 계속 이어가 봤자 나만 답답할 게 뻔하다.

거절을 승낙으로 받아들이는 사람들

단호하게 거절했는데도 자신의 부탁을 무조건 들어달라고 찰거머리처럼 들이대는 사람들이 있다.

"미안해. 사정이 있어서 그렇게 못할 것 같아."

완곡히 거절해보지만 막무가내다.

"야, 이번 한 번만 제발 도와줘라."

"내가 이런 부탁 잘 안 하잖아. 이번만 좀 도와줘."

"내가 잘되면 진짜 너 안 잊을게."

부탁을 들어줄 수 없는 상황을 충분히 설명했는데도 계속해서 부담을 주고 미안한 감정이 들게 하는 사람들은 멀리할 필요가 있다.

사실 거절은 단호하게 해야 하지만, 이게 생각처럼 쉽지가 않다. 사람에 대한 정이 있어 미안한 감정도 들기 때문이다. 사람들은 그 점을 이용해 어렵사리 거절한 상대방을 "우리가 어떤 사인데", "이번 한 번만 들어줘" 하며 계속 괴롭힌다. 이것 자체가 정말 무례한 일이다. 고민 끝에 거절하는 사람의 미안함을 이용해 요구를 관철시키려 하는 사람들은 정말 상대방을 배려하지 않는 것이다. 그렇기에 이런 사람들도 반드시 멀리해야 한다.

"항상 신중한 태도로 조심해서 말하라. 살다 보면 한마디 더 말할 시간은 있어도 취소할 시간은 없다."

_ 발타자르 그라시안(Baltasar Garcian, 스페인의 철학자)

Chapter
02

말을 잘하기 위해 꼭 필요한 것들

01

생각을 정리하는 세 가지 방법

예전에 모임 자리에서 생긴 일이다. 발전적인 모임이었고 참여자는 모두 자기 영역에서 괜찮은 성과를 낸 사람들이었다. 다양한 주제로 대화를 나누었는데, 유독 한 명이 말을 많이 했다. 사실 말을 많이 하는 건 상관없는데 그는 자신이 어떤 말을 하는지 정확히 파악하지 못하는 것 같았다.

예를 들어 음식 취향에 대한 주제가 나오면, 우선 자신이 어떤 음식을 좋아하고 그 음식이 왜 좋은지, 또 상대방은 어떤 음식을 좋아하는지에 대한 기본적인 대화 구조가 아니라 별로 궁금하지도 않은 자신의 어린 시절 음식으로 시작해서 갑자기 현재 일하는 회사에서의 고충까지 털어놨다.

흐름이 굉장히 희한해서 그 자리에 있던 사람들이 그의 대화 방식에 불편을 느꼈던 것이 기억난다.

말을 잘 못하는 사람들을 보면 자신의 생각을 정리하지 못하는 경우가 굉장히 많다. 그래서 자신이 전달하고자 하는 의도가 상대방에게 정확히 전달되지 않고 돌고 돌아 삼천포로 가게 된다. 그러면 상대방은 대화에 답답함을 느끼고, 또 상대방의 그런 표정이나 말투에 더 당황해서 말이 더 꼬이는 악순환이 발생한다.

《생각정리 스킬》의 저자이자 생각정리연구소를 운영하는 복주환 대표는 "생각정리스킬이 없는 사람은 항상 머릿속이 복잡하다"고 말한다. 핵심을 제대로 파악하지 못하기 때문에 불필요한 것에 집중하고, 우선순위를 정하지 못해 상대방에게 자신이 말하려는 의도를 전달하지 못한다는 것이다.

기본적으로 생각을 정리하려면 상대방의 질문 의도를 정확히 파악해야 한다. 예를 들어 상대방이 "어떤 취미가 있으세요?" 하고 묻는다면, 나의 취미와 그 취미를 좋아하는 이유를 말하고 상대방의 취미는 무엇인지 되물으면 된다. 상대방이 "최근에 ○○전시회에 다녀왔어요. 좋더라고요" 하면 "전시회의 어떤 점이 좋았어요?" 하고 되물어주면 된다. 하지만 생각을 잘 정리하지 못하는 사람들은 이 상황에서 맥락을 파악하지 못한다.

"저는 어린 시절에 이런 취미가 있었는데요, 이 취미를 가지면서 이런 일이 있었어요……."

이렇게 엉뚱한 방향으로 빠지거나 아예 다음과 같은 말로 대화의 진행을 막아버린다.

"전시회요? 아, 저는 전시회는 관심 없어서……. 저는 운동을 좋아해요."

이런 사람들에게 반드시 필요한 것이 생각의 정리이고, 생각을 정리하는 방법은 다음 세 가지다.

순서를 제시하라

"좋아하는 게 뭐예요?"

이런 질문을 받았다면 "제가 좋아하는 건…" 하고 뜸들이기보다는 "제가 좋아하는 게 두 가지 정도 있는데요"라며 수치화시키는 게 필요하다. 그러면 상대방은 그 '두 가지'에 대해 집중하게 되고, 나도 자연스레 두 가지를 생각하며 머릿속을 정리할 시간을 갖게 된다.

"아… 제가 좋아하는 건… 음… 헬스 좋아하고요. 또 뭐 있지? 아, 저 독서 좋아해요!"

이렇게 말하는 것보다는 다음과 같이 순서를 제시하는 방법이 좋다.

"제가 특별히 좋아하는 게 두 가지 정도 있습니다. 첫째는 헬스입니다. 저는 몸을 괴롭히는 걸 별로 안 좋아했는데, 하다 보니까 이게 또 매력이 있더라고요. 변화하는 모습이 시시각각으로 보여서 동기부여도 되고요. 그리고 또 하나는 독서입니다. 책을 읽으면서 혼자 사색하는 시간이 좋습니다. 또 가치관이 전혀 다른 사람들의 생각을 활자로 읽으면 아이디어나 영감을 많이 받습니다. 그런 것들을 삶에 적용하면서 발전할 수 있어서 독서를 좋아하죠."

이렇게 하면 상대방도 집중시키고 나도 요점만 말할 수 있다.

결론부터 말하라

말을 잘 못하고 쓸데없이 말이 많은 사람들은 서론이 길어도 너무 길다. "아~ 이런이런 일이 있어서~ 이렇게 될 것 같은데~ 음… 이런 상황은~" 하고 늘어지는 말을 계속 듣다 보면 '그래서 도대체 무슨 말을 하고 싶은 건데?' 하는 생각이 절로 든다.

이렇게 되지 않으려면 우선 결론부터 말하는 연습을 해야 한다. "제가 생각하는 것은 이런 것입니다" 하고 결론부터 말한 뒤, 이어서 그 결론을 뒷받침할 수 있는 상황을 말함으로써 결론을 보조하는 것이다. 그렇게 되면 상대방의 뇌리에 훨씬 잘 각인되고 말을 깔끔하게 잘하는 사람으로 인식될 것이다.

기억하자. 사람들은 말이 많은 사람보다 말에 힘이 있는 사람을 좋아한다.

상대방의 의도를 파악하라

같은 말이라도 의미가 전혀 다른 경우가 많다. 예를 들면, 부모들은 시험을 정말 잘 치른 자녀에게 "시험 잘 봤네!"라고 말하기도 하지만 시험을 망친 자녀에게도 "시험 잘~ 봤네!"라고 말한다. 전자의 경우 감탄, 칭찬의 의미이지만 후자의 경우는 비꼼에 훨씬 더 가깝다.

그렇기에 같은 말을 하더라도 상대방이 어떤 의도로 했는지를 문맥 안에서 파악하려고 노력해야 한다. 회사 상사가 직접 “민창 씨, 그거 언제까지 가능할까요?” 하고 물었다면 그것은 우선순위를 정해 최대한 빨리 처리해주었으면 좋겠다는 의미다. 하지만 이럴 때 간혹 “기본 업무가 많아서 잘 모르겠는데요” 하고 대답하는 직원들이 있다. 이 경우 상사는 당연히 이 직원에게 크게 실망할 것이고, 그 직원은 능력 없는 사람으로 낙인찍힐 가능성이 높다.

이럴 때는 다음과 같은 방식으로 상대방에게 선택권을 돌려주면 된다.

“제가 이런 업무가 있는데, 혹시 긴급한 사항이라면 오전에 지시하신 업무를 처리하고 기본 업무를 후순위로 진행하겠습니다. 그렇게 할까요?”

잊지 말자. 말을 잘하려면 기본적으로 생각이 정리돼야 하고, 생각이 정리돼야 명확히 자신이 원하는 바를 나타낼 수 있으며, 또 상대방의 의도도 정확히 파악할 수 있다.

02

글로 써보라

고등학생 시절, 나는 말을 정말 못했다. 이성에게 말을 거는 것은 물론이고, 심지어 열 명 남짓 모인 장소에서 내 이야기를 하는 것조차 부담스러워했다. 얼굴은 항상 빨개졌고, 심장은 쿵쾅댔으며, 어떤 말을 해야 할지 생각하느라 머릿속은 몹시 혼란스러웠다. 총학생회 임원으로 출마했을 때의 일은 아직도 내 기억에 생생히 남아 있다.

나는 200명이 넘는 학생들 앞에서 Q&A를 진행하게 되었다. 그때 학생 한 명이 나에게 질문을 했다. 지금 생각하면 정말 답변하기 쉬운 질문이었는데도 나는 그때 얼굴이 빨개져서는 땀을 흘리며 답변을 하지 못했다. 그만큼 나는 말하기 포비아(Phobia, 공포의 감정이 강박적으로 특정 대상에 결부되어 행동을 저해하는 이상반응)가 있는 사람이었다. 그 일이 있고 난 뒤로는 말하기 포비아가 더욱 심해졌고, 스스로에게 '나는 말을 잘 못해' 하며 가스라이팅을 했다.

그렇게 몇 년이 지난 뒤 친구의 추천으로 책을 읽게 됐는데, 그 책에 이런 문장이 있었다.

> 말을 잘하고 싶으면, 글을 써라.
> 기승전결이 뚜렷한 글을 쓰려고 노력하다 보면,
> 당신의 말 습관도 바뀔 것이다.

그 뒤로 책을 읽고 내용을 요약하는 독후감을 꾸준히 썼다. 처음에는 쉽지 않았다. 기승전결을 잡는 것도 어렵고 어떤 주제로 써야 하는지도 감이 안 왔다. 그런데 계속해서 글을 쓰다 보니 처음보다 쓰는 시간이 훨씬 줄어들었다. 그리고 어느 순간 나는 500명이 넘는 사람들 앞에서도 떨지 않고 강의할 수 있는 사람이 됐다.

말을 잘하려면 글을 쓰는 연습이 반드시 필요하다. 대화를 하다 보면 내가 예상하지 못한 상황이 많이 주어지며, 그런 상황에서 타고난 센스나 재치를 발휘하는 사람은 거의 없기 때문이다. 그렇기 때문에 의도적으로 그런 상황을 미리 예상해 답변을 생각해두거나 어떤 대답을 할지 먼저 고민해보는 시간이 필요하다. 다음에 말을 잘하기 위한 글쓰기 방법 세 가지를 소개하려 한다.

어떤 주제로 대화를 할지 가정하고 글을 쓰라

친구와 자주 하는 대화 말고 새로운 사람과 대화한다고 가정했을 때 처음에는 당연히 대화를 이어가기가 쉽지 않다. 익숙지 않고 낯설고 어색한 상황이기 때문이다. 그래서 그런 상황이 오기 전에 먼저 시뮬레이션을 돌려보는 것이다. 만나는 사람의 성향이나 직업을 예측해서 무엇에 관심이 있을지 한번 적어보면 좋다.

예를 들어 A는 27세이고, 공무원이며, 치킨을 좋아하고, 내향적인 사람인데 이런 사람과 대화할 때는 어떤 주제를 먼저 꺼낼지 고민해보는 것이다. 우선 내향적인 사람이라면 먼저 이야기하는 걸 어려워할 것이므로 내가 먼저 질문을 하고 그 사람의 대답을 예상해서 대화를 이어가는 과정을 글로 기록하면 좋다. 이런 글의 가장 큰 장점은 내가 적으면서 수정할 수 있고 어색한 부분을 고칠 수 있다는 것이다.

이렇게 어색하지 않은 문장을 계속 쓰고 읽다 보면 신기하게 우리가 하는 말도 논리적으로 바뀐다. 다양한 상황과 사람은 우리가 살아가며 계속 겪어야 한다. 그 과정에 100퍼센트 잘 대응할 수는 없겠지만, 이런 식으로 준비하면 무방비 상태로 상황을 맞는 것보다는 훨씬 낫다.

짧고 간결하게 글을 적는 연습을 하라

말과 글은 같다. 글이 늘어지는 사람은 분명 말도 늘어질 가능성이 높다. 스스로 생각 정리가 안 된 상태이기 때문이다. 글을 처음 쓰는 사람들은 문장을 너무 두서없이 쓰는 경향이 있다. 예를 들면 이런 식이다.

"나는 오늘 식사를 했는데, 식사를 하고 어디에 가려고 하다가, 좀 고민하면서 다른 데를 갔는데, 거기 가서 신기한 걸 봤다."

문장이 많이 길진 않지만 두서가 없다. 그냥 생각의 흐름대로 적었기 때문이다. 이 경우 글을 쓸 때 의도적으로 문장을 짧게 끊어줘야 된다. 쉼표가 아니라 마침표는 다음 문장에 대한 가이드라인을 제시한다. 예를 들어 쉼표를 쓰면 덜 어색한 문장이 마침표를 쓰면 어색해진다.

"나는 오늘 식사를 했다. 식사를 하고 어디에 가려고 했다. 좀 고민하면서 다른 데를 갔다."

이런 식으로 문장이 이상해지고, 그러면 흐름상 이게 어색하다는 것을 느끼게 된다. 그러므로 마침표를 찍을 때는 문장을 이렇게 구성하면 된다.

"나는 오늘 식사를 했다. 맛있게 식사를 하고 어디에 가려고 했다. 그런데 좀 고민이 됐다. 더 나은 곳이 있을 것 같아 찾아보다 다른 데를 갔다."

문장이 훨씬 더 간결하고 흐름도 괜찮다. 그래서 글을 간결하고 짧게 쓰는 연습을 하면 이것이 나의 말습관이 되고, 그 말습관은 나를 훨씬 더 말을 잘하는 사람으로 만들어줄 것이다.

기승전결을 지키기 위해 노력하라

가끔 대화를 하다 보면 '무슨 말을 하는 걸까?', '어떤 생각을 하고 말을 하는 걸까?' 의심되는 사람들이 있다. 그런 사람들은 대부분 대화의 흐름을 따라잡지 못하고 계속해서 엇나가는 경우가 많다.

대화에서 가장 중요한 것은 기승전결이다. 의도되지 않은 밑도 끝도 없는 대화는 서로를 피곤하게 만들고 에너지를 소진시킨다. 그렇기 때문에 대화에서 가장 중요한 것은 흐름에서 엇나가지 않도록 노력하는 것이다. 하지만 그 흐름은 자연스레 만들어지지 않기 때문에 우선적으로 글을 쓰면서 기승전결 구조를 머릿속에 새겨야 한다.

어떤 대화를 할지, 이 사람의 대화 패턴은 어떤지, 그 패턴을 어느 정도 유지하다 어떤 타이밍에 새로운 대화 주제로 자연스레 넘어갈 것인지, 대화 마무리는 어떻게 할 것인지를 글을 쓰며 먼저 생각해봐야 한다. 이 기승전결을 계속 지키는 연습이 대화에서 가장 중요하다. 흐름에서 크게 벗어나면 밑도 끝도 없고, 또 너무 그 흐름에만 빠져 있으면 상대방이 지루함을 느끼게 된다.

대화를 잘하고 싶다면 이런 식으로 계속 글을 써보며 흐름과 문맥을 파악하는 연습을 하자. 이 과정을 통해 훨씬 더 설득력 있고 조리 있는 대화가 가능해진다.

03

상대를 먼저 존중하라

말을 잘한다는 평가는 내가 아니라 타인이 하는 것이다. 즉, 상대방에게 들을 수 있는 것이지 스스로가 "나 말 잘해!" 하는 것은 소리 없는 메아리에 불과하다는 것이다. 그럼 "너 참 말 잘한다"는 말을 들으려면 어떻게 해야 할까?

2005년, 애플의 전 CEO 스티브 잡스(Steve Jobs)는 전 세계에서 몇 억 명이 봤을 만큼 유명한 스탠퍼드대학교 졸업 축사를 하게 된다. 그는 축사를 이렇게 시작한다.

"정말 영광입니다, 대학 중퇴자인 제가 세계 최고 대학의 졸업 축사를 맡게 되다니."

스티브 잡스는 세계 최고의 천재이자 '혁신의 아이콘'

이다. 그런 그가 자신을 기꺼이 낮추며 학생들을 높였으니 그의 축사는 크나큰 호응 속에 성공적으로 끝날 수밖에 없었다. 이 사건이 시사하는 점은 뭘까?

상대방을 먼저 존중하면 상대방도 나를 존중해줄 수밖에 없다. 한국인에게는 '정(情)'이라는 게 있다. 내가 상대방에게 무언가를 해주면 상대방도 나를 객관적으로 냉정하게 바라보기보다는 좀 더 후하게 봐줄 수밖에 없다. 인간이라는 게 그렇다. 나에게 잘해주는 사람에게는 당연히 더 정이 가고 마음이 가게 마련이다.

그렇기 때문에 상대방과의 대화에서 많은 걸 얻고 싶다면, 아울러 말을 센스 있게 잘한다는 평가를 받고 싶다면 먼저 상대방을 존중해주라. 상대방을 먼저 관찰하고 그 사람의 장점을 찾아내 높여주라.

얼마 전 Mnet에서 방영된 <쇼미더머니 10>이 종영됐다. 이 시즌에도 좋은 래퍼들이 많이 나왔고 진행 과정에서 재미있는 에피소드가 쏟아졌다. 특히 내가 인상 깊게 본 장면은 바로 '머드 더 스튜던트'라는 래퍼와 '정의영'이라는 래퍼의 3차 미션이었다. 일대일로 붙어 심사위원의 평가를 받은 뒤 한 명만 붙고 한 명은 떨어져야 하는 데스매치였다.

이 데스매치 전 예선 2차전에서 머드 더 스튜던트는 모든 심사위원의 선택을 받았고, 그 혜택으로 자신이 데스매치 상대를 고를 기회를 얻었다. 그는 자신이 쉽게 이길 것 같은 래퍼로 정의영을 지목했고, 정의영은 지목을 당한 순간부터 굉장히 불쾌해했다. 일대일 데스매치였지만 같은 비트로 맞춰봐야 했기에 둘은 함께 연습할 수밖에 없었고, 당연히 둘 사이의 공기는 냉랭하기만 했다.

그때 먼저 손을 내민 쪽은 머드 더 스튜던트였다. 그는 잘해보자는 제스처로 허그를 하고 정의영이 비트에 맞춰 랩 연습을 할 때마다 "와! 형, 최고예요", "이 노래랑 찰떡인데요?", "진짜 짱이다" 하며 기를 살려주었다. 그러자 어둡고 불쾌감이 감돌았던 정의영의 얼굴에 웃음꽃이 피어났고, 두 사람은 훨씬 더 밝은 분위기에서 연습을 마칠 수 있었다. 정의영은 굉장히 다크한 분위기로 심사위원들조차 말 붙이기를 조심스러워했던 래퍼인데, 머드 더 스튜던트의 친화력과 상대방을 존중해주는 배려 깊은 태도가 그를 180도 바꿔놓은 것이다.

이처럼 상대방을 먼저 존중하는 대화는 크게 두 가지 특징을 보인다.

존경이 담긴 표현을 사용한다

안 지 얼마 안 되었지만 내 인생에서 정말 소중한 인연이 된 사람이 있다. 함께 있으면 항상 존중받고 존경받는 느낌을 주어 참 기분 좋은 친구다.

어느 날 우리는 카톡을 하면서 만날 날짜를 잡고 있었다. 그런데 내가 시간이 잘 안 맞아서 친구에게 물었다.

"미안해. 이때는 안 될 것 같은데, 혹시 이날은 괜찮을까?"

그때 친구가 내게 보내준 답변이 참 인상적이었다.

"민창아. 너 바쁜 거 잘 아는데, 이렇게 나 만나려고 귀한 시간 내줘서 정말 고마워."

물론 누군가는 오글거린다고 할 수도 있고, 누군가는 가식적이라고 할 수도 있다. 하지만 대부분의 사람들은 자신이 존중받는다는 기분을 느낄 때 상대방에 대한 호감도가 올라간다. 그러니 상대방에게 먼저 존경이 담긴 표현을 사용해보자.

"네 덕분에 잘할 수 있었어."

"진짜 대단해."

"네가 최고야."

"너와 함께해서 참 기분이 좋아."

"너와 보내는 시간은 참 행복해."

이런 말들로 상대방을 존중하고 치켜세우면 상대방도 자연스레 나를 치켜세울 것이다.

말의 중심에 결과 대신 사람을 둔다

"이번 일이 이렇게 잘 끝날 수 있었던 이유는 민창이 네 덕분이야. 고마워."

예전 회사에서 만난 좋은 상사는 이런 식으로 항상 일의 결과에 사람을 언급했다. 나도 그 상사의 힘이 되는 한마디 덕분에 더욱더 능률을 높일 수 있었다. 또한 그 상사는 설령 결과가 좋지 않더라도 화를 내는 게 아니라 결과보다 과정, 과정보다 사람을 우선시했다.

"이번 일의 결과가 흡족하진 않지만, 그래도 그 과정에서 우리 많이 배웠잖아. 최선을 다했어. 모두 나를 잘 따라줘서 고마워."

이런 식으로 말해주니 당연히 분위기도 좋았고 항상 일을 즐겁게 잘할 수 있었다.

배려 있게 말을 잘하는 사람들을 유심히 지켜보면 탕수육에 소스가 빠지지 않듯 항상 결과를 언급할 때 사람을 빼놓지 않는다. 그리고 거기에 언급된 사람들은 상대방에게 큰 고마움을 느끼고 기꺼이 마음을 열게 돼 있다.

어떤 대화를 하든 사람을 먼저 언급하자. 그 사람의 노고를 감사히 여기고 존중하는 태도를 보인다면, 상대방도 나를 존중할 것이다.

04

어떤 질문을 할지 항상 고민하라

우연한 기회에 100억 부자를 만나 그분에게 질문할 기회가 있었다. 어떤 질문을 할지 무척 고민하다가 이렇게 물었다.

"안녕하세요, 대표님. 지금 제 기준에서 부자는 최소 월 순수익 5천만 원 정도라고 생각합니다. 혹시 '곧' 부자가 될 사람과 부자가 되려면 아직 먼 사람의 차이를 어떤 포인트에서 가장 크게 느끼시는지 여쭤봐도 될까요?"

그러자 그분은 이렇게 성의 있게 답해주셨다.

"좋은 질문 감사합니다. 저는 질문의 수준이 그 사람의 수준이라고 생각해요. 예를 들어 누군가는 '지금 월수익이 얼마나 돼요?'라고 묻거나, '부자가 되려면 어떻게 해야 해요? 무엇을 하면 제일 빨라요?' 하고 묻기도 합니다. 사실 이런 질문에는 대답할 가치를 크게 못 느낍니다. 인터넷을 찾아봐도 알 수 있는 거니까. 그냥 열심히 노력하라고, 지금 하는 것에 최선을 다하라고 대답할 수밖에 없는 질문이거든요.

그런데 예를 들어서 부자가 되기 위해 가장 중요한 세 가지는 무엇이라고 생각하느냐고 묻는다면, 저는 생각을 좀 많이 할 것 같아요. 제 삶도 돌아보고, 제가 월 5천을 벌지 못했을 때와 월 5천 이상을 벌 때의 차이에 대해 스스로 고민해보겠죠. 상대방에게 '나를 많이 고려했구나, 나를 배려하며 질문했구나' 하는 느낌을 주는 사람들이 곧 부자가 될 사람이라고 생각합니다."

그 말을 듣고 많은 생각이 들었다. 질문의 수준이 그 사람의 수준을 결정한다는 말이 특히 크게 와 닿았다. 정말 맞는 말이라고 인정할 수밖에 없었다. 많은 부자들과 성공한 사람, 자기 분야에서 남부럽지 않은 커리어를 쌓은 사람들과 대화를 나눠보면 항상 질문이 깊었다.

"그 일을 하면서 어떤 부분에서 큰 보람을 느끼시나요?"

"돈보다 중요한 가치가 있다면 무엇이라고 생각하세요?"

한 번쯤 스스로를 깊이 들여다볼 수 있는 질문을 하는 사람들이 대부분 말도 잘했다. 좋은 질문이 좋은 대화의 시작이라는 것을 모르는 사람이 생각보다 많다.

대화의 시작을 질문으로 하는 것은 어떤 상황에서도 굉장히 유용하다. 예전에 강의를 할 때 다양한 방식으로 강의를 구성한 적이 있다. 즉, 인사를 하고 바로 강의로 들어가는 방법, 영상을 보여주고 강의로 들어가는 방법, 마지막으로 질문을 하나 던지고 강의로 들어가는 방법으로 구성했다. 첫 번째와 두 번째의 경우는 큰 반응이 없었지만 세 번째 방법으로 강의를 시작하면 집중력이 훨씬 높았다. 질문이라는 것은 상대를 향한 관심이고, 그 관심을 받은 사람은 그에 대해 최소한의 반응을 보여줘야 하기 때문이다.

이처럼 질문은 상대방을 한순간에 끌어들이는 자석과도 같다. 상대를 유혹하고 끌어당기기 위해 가장 필요한 것이 바로 질문이다. 사람들은 흔히 남의 얘기에 별로 관심이 없다고 말한다. 하지만 그것을 질문화해서 상대에게 물어보면 그것은 남의 이야기가 아니라 바로 내 이야기가 된다.

예를 들어 내가 몹시 힘들고 어려웠던 순간, 정말 삶이 힘들어서 주저앉고 싶었던 때를 누군가에게 이야기한다고 하자.

"저는 어릴 때 너무 가난하고 힘들었어요. 그래서 정말 죽고 싶었죠. 하지만 포기하지 않았어요."

서로의 감정적 공유 없이 그저 이렇게 말한다면 어떨까? 물론 유명인이라면 당연히 공감하기가 쉬울 것이다. 그 사람에 대한 배경지식이나 정보를 사람들이 이미 알고 있기 때문이다. 하지만 일반인의 경우는 예외다. 그 사람이 가난하고 힘들었던 게 설령 진실이라고 해도 사람들은 그 사람에 대한 배경지식이나 정보가 없으므로 공감하기가 쉽지 않다. 그야말로 '남의 얘기'인 것이다.

그럴 때 어떻게 해야 할까? 질문을 하면 된다.

"여러분은 정말 죽고 싶을 만큼 힘들었던 때가 있었나요? 가끔 포기하고 싶을 때는 어떻게 하시나요?"

이런 식으로 질문을 던지고 어느 정도 텀을 두면 그 순간부터는 '남의 얘기'가 아니라 '내 얘기'가 된다. 질문을 듣고 인생을 돌이켜보거나 힘든 경험을 떠올리며 회상하게 되는 것이다. 질문을 던지고 나서 이야기를 시작하면 질문을 하지 않았을 때보다 훨씬 더 공감하고 몰입하는 것을 느낄 수 있다.

이처럼 좋은 질문은 상대방이 대화를 계속 이어가고 싶게 만들고, 결국 나에게 큰 호감을 갖게 만드는 가장 좋은 방법이다. 말을 잘하는 사람이 되고 싶다면, 아울러 매력적인 사람으로 보이고 싶다면 상대방의 핵심을 꿰뚫는 깊은 질문을 하려 노력하자. 그런 질문들이 대화를 훨씬 다채롭게 만들어줄 것이다.

05

주장에 대한 근거를 명확히 제시하라

어떤 말을 해도 신뢰가 가는 사람이 있는가 하면 대부분이 공감할 만한 말을 하는데도 신뢰할 수 없는 사람들이 있다. 결정적 차이는 바로 근거다. 주장에 대한 근거가 명확하지 않으면 사람들은 설령 그 주장이 사실이어도 잘 설득되지 않는다. 자기소개서를 작성할 때나 대면 면접을 볼 때 자신이 어떤 사람이라고 주장하려면 그에 대해 확실한 근거가 필요한 것과 같다.

예를 들어 누군가가 "저는 책임감이 강한 사람입니다"라고 주장한다고 치자. 그에게 "왜죠?" 하고 반문했는데 그냥 믿어달라고 말한다면 그 사람에게 신뢰가 갈까? 당연히 신뢰가 가지 않을 것이다. 이럴 때는 자신의 책임감을 보여주는 사례를 들어가며 이야기하는 것이 좋다.

"저는 책임감이 강한 사람입니다. 부모님께 손을 벌리기가 싫어 대학 때부터 하루 3시간씩 자며 공부와 알바를 병행했고, 4년 장학금으로 학자금 대출 없이 대학을 졸업할 수 있었습니다."

"회사에서 아무도 맡으려 하지 않는 비품 관리를 제가 자원해서 맡았고, 1년 동안 꾸준히 책임감을 갖고 관리했습니다."

"결식아동을 돕기 위해 3년간 꾸준히 후원을 했습니다. 후원 도중 경제 사정이 어려워진 적도 있었지만, 그래도 시작했으니 나로 인해 도움받을 아이들을 생각하며 꾸준히 후원을 지속했습니다."

이런 식으로 자신의 주장을 뒷받침하는 근거를 명확히 제시해야 한다. 말을 잘 못하는 사람들의 공통점은 "그냥", "원래 그런 거지", "그렇게 해왔으니까"다. 근거를 대지 않는 행동과 말은 결코 자신을 발전적으로 만들어주지 않으며, 상대방에게도 신뢰를 줄 수 없다.

논리적인 측면에서도 별다른 이유 없이 “그냥”이라고 말하는 것은 정말 좋지 않은 습관이다. 뭔가가 주어지면 “왜?”라는 질문을 던지지 않고 그냥 흘러가는 대로 하는 사람이라는 인식을 상대방에게 강하게 심어주기 때문이다.

근거를 제시하는 방식에는 크게 다음 두 가지가 있다.

전문가의 공신력을 이용하라

첫째는 전문가의 공신력을 이용하는 방법이다. 예를 들어 미루는 습관을 지닌 사람들이 완벽주의일 확률이 높다는 주장을 펼친다고 가정해보자. 전문가의 견해 없이 내가 그냥 주장한다면 ‘게으른 녀석이 자기 합리화를 하는 것’으로 비칠 수 있을 것이다. 하지만 그 근거가 아동전문가 오은영 박사라면 얘기는 달라진다.

[주장] 미루는 습관을 지닌 사람들이 완벽주의일 확률이 높다.

[근거] 아동심리전문가이자 지능개발연구소 대표 오은영 박사는 미루는 습관을 지닌 사람들이 일을 미루는 이유

에 대해 '완벽하게 하고 싶어서'라고 말했다.

[근거] 그들은 자신의 집중력을 극한까지 밀어붙여 완벽한 결과물을 창조한다.

물론 여기에 동의하지 않는 사람도 많겠지만, 일반인이 이 주장을 할 경우 전문가가 한 말을 근거로 인용했을 때보다 동의하지 않는 사람들이 훨씬 더 많을 것이다.

예를 하나 더 들어보자.

[주장] 내가 자주 만나는 사람들이 결국 지금의 나다.

[근거] 세계적인 동기부여가 짐 론(Jim Rohn)은 "내가 자주 만나는 5명의 평균이 나다"라는 말을 남겼다.

[근거] 단순히 알고 지내는 사이가 아니라 자주 만난다는 데 의미가 있다. 그냥 알고 지내는 사이라면 일상이나 가치관을 공유할 기회나 시간이 없을 수도 있다. 하지만 자주 만난다는 것은 생활양식이나 가치관, 경제 수준이 비슷하다는 것을 의미하므로 저 말은 일리가 있다.

이런 식으로 근거를 제시하면 주장에 대한 신뢰가 더욱

높아진다. 그래서 무엇을 주장하든 전문가를 인용해 근거를 대는 연습을 많이 해보는 것이 좋다.

근거를 가지고 대입해보라

둘째는 주장에 대한 근거를 세 가지 정도 찾아서 대입해보는 것이다.

최근 회사에서 회식 장소를 추천받는다고 했고, 이런저런 회식 장소가 추천 목록에 올랐다. 그때 한 사원이 이렇게 말했다.

"저는 회식 장소로 떠오름식당을 추천합니다. 제가 이 떠오름식당을 추천하는 이유는 세 가지입니다. 첫째, 다른 집의 고기는 어디서나 맛볼 수 있는 그런 맛이지만, 이 식당의 목살은 그 어느 식당과도 감히 비교할 수 없을 만큼 압도적입니다. 둘째, 회사에서 걸어서 10분 거리에 있습니다. 연말 회식도 많고 주차가 힘든 성수동에서 편하게 걸어서 이동할 수 있는 맛집이 있다는 것은 큰 축복입니다. 셋째, 생각보다 조용하고 룸 형태여서 저희끼리 아늑하게 즐길 수 있습니다."

이 사원의 정성스러운(?) PR로 인해 만장일치로 회식 장소가 결정되었다.

물론 더 좋고, 더 깔끔하고, 더 맛있고, 더 아늑한 식당이 있을 수 있다. 하지만 이 사원은 자신의 주장을 사람들에게 숫자 3으로 확실히 각인시켰다. 이렇게 주장에 대한 근거를 세 가지로 설명하는 것은 말하기 기술을 비약적으로 상승시키는 훈련이다.

나는 치킨을 좋아한다. 내가 치킨을 좋아하는 이유는 세 가지다.

1. 치킨은 단백질과 지방이 적절히 배치된 완전식품이다.
2. 가격대에 비해 큰 만족감을 준다.
3. 어떤 경우에도 실망감을 주지 않는 올라운드 플레이어다.

말도 안 되는 것 같지만, 이런 연습을 하다 보면 어떤 주장을 하든 확실한 근거를 대야겠다는 가치관이 형성된다. 그러니 이런 연습을 통해 스스로의 말에 힘이 실리게 하자. 힘이 실린 말은 나의 가치를 상승시키고 상대방과 훨씬 더 생산적인 대화를 나누게 해줄 것이다.

"내가 아는 가장 성공적인 사람들은 대부분 말하기보다는 더 많이 듣는 이들이다."

_ 버나드 바루크(Bernard Baruch, 미국의 재정가)

Chapter
03

말하기 전에 생각해야 할 것들

01

대화의 시작은 부드러운 한마디

드라마나 영화를 보다 보면 정말 재미있는 영화나 드라마는 처음부터 완전한 몰입감을 선사한다. 그 이유는 물론 짜임새 있는 구성으로 이루어졌기 때문이기도 하지만, 중요한 것은 보는 사람으로 하여금 처음부터 긴장감이나 강박을 갖지 않게 하기 위해서다. "스포하지 마", '스포금지'라는 표현은 어찌 보면 이와 같은 맥락이다. 이 영화(드라마)가 어떻게 흘러가는지 온전히 내가 느끼고 즐기고 싶지 누군가에게 결말을 먼저 들어 섣부르게 판단하거나 재미를 잃고 싶지 않다는 의미다.

대화도 마찬가지다. 대화를 잘하는 사람들은 먼저 딱딱

한 마음에 윤활유를 뿌리는 한마디를 가볍게 던지고 시작한다. 그런 다음 점차 깊은 대화로 들어가는 것이다.

한번 상상해보자. 친구의 소개로 만난 누군가가 첫 만남부터 "저랑 같이 사업하시죠", "정치 성향이 어떠세요?"와 같이 부담스런 질문을 한다면 어떻겠는가? 당연히 다시 만나고 싶지 않을 것이다. 난감한 상황을 타개해보려고 무리한 질문을 던지면 그 대화는 더욱 산으로 갈 확률이 높다.

그러니 서먹하고 어색한 분위기를 깨고 싶다면 대화의 주제가 무엇이든 상관없이 이렇게 한마디를 던져보자.

"안녕하세요? 요즘 날씨가 많이 춥네요."

"식사하고 오셨어요?"

"오는데 고생 많으셨죠?"

상대방의 반응을 크게 고려하지 않고 먼저 내가 상대방에게 예의를 갖추고 존중한다는 것을 보여주면 자연스럽게 대화가 이어지게 되어 있다. 만약 이런 노력을 보여줬는데도 단답으로 끝내고 자신의 이야기를 아예 하지 않는다면, 당신이 심리상담사가 아닌 이상 굳이 다시 만날 필요 없다. 나의 호의와 예의를 거절하는 사람이거나 최소한의 센스도 없는 사람이기 때문이다.

그런 극소수를 제외하고는 모두 당신의 부드러운 한마디

에 고마워하며 응답할 것이다.

"아, 네. 그러게요. 오는데 진짜 춥더라고요."

"아직 점심을 안 먹었지만 커피를 마셔서 괜찮아요."

"여기가 역 바로 앞이라 엄청 편하게 왔어요!"

이렇게 주제와 관련 없는 이야기로 차갑게 얼어 있던 상대방의 마음을 녹인 뒤 본격적으로 대화를 해도 절대 늦지 않다. 오히려 대화가 훨씬 더 생산적으로 발전할 가능성이 크다.

그렇게 한두 마디 나눈 뒤에는 최근에 화제가 된 일이나 상대방을 만나기 전 어느 정도 파악된 정보를 토대로 질문을 하는 게 좋다.

"최근에 유튜브 ○○ 보셨어요? 아주 화제던데."

"아, 운동 좋아하신다고 들었어요! 어떤 운동 좋아하세요?"

"오다 보니 빵집에 사람들이 길게 줄을 섰더라고요. 궁금해서 찾아보니 도넛 맛집이라던데, 혹시 알고 계셨어요?"

이런 식으로 정말 별것 아닌 질문으로 대화를 시작하면 좋다. 처음부터 절대 하지 말아야 할 질문은 정치나 종교 관련 질문이다. 정치 성향이나 종교관이 맞지 않을 경우 자칫 상대방과 대립할 가능성이 있기 때문이다.

이렇게 부드러운 한두 마디로 공감대를 형성하고 대화를 시작하면 대화가 훨씬 부드러워진다. 그리고 상대방도 말은 하지 않지만 '되게 센스 있네' 하고 생각할 것이다.

대화는 연애와 같다. 연애는 우선 상대방과 나의 마음이 비슷한지를 확인하는 과정을 거쳐, 어느 정도 확신이 섰을 때 고백하고, 그 뒤 손을 잡고 포옹을 하고 키스를 하는 자연스러운 과정으로 발전하는 것이다. 상대방과 연애를 하고 싶다고 처음부터 강제로 스킨십을 하려든다면 정신에 큰 문제가 있는 사람이다.

누군가는 이런 의미 없는 말들을 가식적이라고 생각할 수도 있다. 시간 아깝게 왜 그렇게 빙빙 돌려 말하느냐고, 본론으로 바로 들어가면 되지 않느냐고 말이다. 물론 비즈니스 회의나 중요한 피드백을 받는 자리에서의 대화라면 그것이 효율적이다. 하지만 일상적인 대화에서 바로 본론으로 들어갈 경우 오히려 그 대화의 본론에 훨씬 더 돌아서 다다르게 돼 있다.

상대방의 마음이 다 열리지 않고 나에 대한 신뢰가 없는 상태에서 내가 원하는 대답을 해줄 확률이 높을까, 아니면 어느 정도 믿을 만한 사람이라는 확신이 섰을 때 내가 원하는 대답을 해줄 확률이 높을까? 당연히 후자다.

그러니 절대 잊지 말자. 이 짧은 5분의 부드러운 한두 마디, 얼어붙은 서로의 마음을 녹여주는 따뜻한 대화가 상대방과 훨씬 더 깊은 대화를 나누기 위해 반드시 필요한 과정이라는 것을.

02

화가 날 때 마음을 빨리 가라앉히는 법

예전에 나는 '싸움닭'이었다. 욱하는 성격 탓에 상대방이 내게 불편한 말을 하면 그 자리에서 들이받았고, 충분히 현명하게 해결할 수 있을 법한 문제도 큰 불길처럼 번져 서로의 관계에 금을 내기도 했다. 하지만 다음에 이야기할 네 가지 방법을 적용하고 나서 나의 '화'는 크게 줄어들었다.

5초 정도 침묵하기

10년쯤 알고 지낸 성엽(가명)이라는 친구가 있다. 성엽이와 만나며 크고 작은 갈등을 꽤 많이 겪었는데, 그때마다 성엽이의 배려로 아주 현명하게 해결할 수 있었고 지금은 관계가 훨씬 더 단단해졌다. 성엽이는 내가 실언을 하거나 자신의 감정을 건드리는 말을 할 때마다 "음…" 하고 5초 정도 침묵하는 습관이 있었다. 그러면 나는 계속 쏘아붙이기도 애매하고 말을 더 이어가기도 이상한 상황에 놓였다.

신기하게도 그렇게 5초 정도 정적이 흐르면 불같던 감정이 점차 가라앉았다. 그러고 나서 나온 성엽이의 말은 나를 반성하게 만들었다.

"민창아, 네가 얘기한 부분이 네 입장에서는 일리가 있겠지. 그런데 나한테는 조금 다르게 들린다."

감정이 격해져서 실수를 했을 때 상대방이 그 감정을 곧바로 받아치면 큰불이 난다. 하지만 상대방의 감정을 내 안에서 5초 정도 잠깐 여과시키면 좀 더 이성적으로 갈등을 해결할 수 있다. 그리고 그 5초간 나뿐만 아니라 상대방도 자신을 돌아보게 된다. 말이 격해지고 쉴 새 없이 감정적인 대화가 오가면 스스로를 돌아볼 시간 없이 정말 끝까지 가게 마련인데, 이 5초의 침묵이 대화를 재정비할 시간을 주는 것이다.

"잠시만요, 생각 좀 정리해볼게요"라고 말하기

침묵하기가 어렵다면 상대방의 말에 "잠시만요, 생각 좀 정리해볼게요" 하고 말하는 것도 좋다. 만약 상대방이 "아니요. 저는 싫은데요" 하고 나올 경우 단호하게 관계를 끊으면 된다. 그 정도의 여유나 배려가 없는 사람은 옆에 두면 둘수록 나에게 손해이기 때문이다.

상대방이 정상적인 사람이라면 그렇게 말하는 당신에게 오히려 고마움을 느끼거나, '이 사람, 괜찮은 사람이구나' 하고 생각할 가능성이 크다. 상대방은 당신에게서 화가 나는 상황, 감정적으로 격해지기 쉬운 상황에서 그 감정을 그대로 내뱉지 않고 스스로 한 번 여과시키는 '배운' 사람이라는 느낌을 받게 될 것이다.

말한 의도를 되묻기

감정적인 말을 하거나 나에게 아무렇지 않게 무례를 저지르는 사람들에게 격분할 필요는 없다. 그럴 때는 감정 없는 표정으로 "그 말을 한 의도가 뭔가요?" 하고 되묻자. 상대방은 예상치 못한 나의 반응에 당황할 것이고, 허겁지겁 자신의 말습관을 돌아보며 어떻게든 이유를 찾으려 할 것이다. 그 순간, 격분했던 서로의 감정은 차분히 가라앉고 다시 이성적인 대화가 이루어질 가능성이 높다.

자신의 감정을 정확히 표현하기

감정을 정확히 표현하고 상대방에게 해답을 맡기는 경우다. 격분한 감정의 이유를 나에게서 찾는 게 아니라 상대방에게 알려달라고 하면 나는 해답을 기다리는 동안 어느 정도 감정을 정리할 수 있다. 상대방도 자신이 왜 그런 말을 했는지 그리고 '내 말에 이 사람이 왜 이렇게 섭섭해할까'를 고민하는 동안 불붙었던 화라는 감정이 점차 이성적으로 식어간다.

이처럼 의도가 확실히 담긴 말 한마디는 정말 강력하다. 말 한마디 때문에 아주 사소한 일로 마무리될 수 있었던 문제가 인연을 끊을 만큼 심각하게 커지기도 하고, 정말 심각한 문제가 서로의 타협으로 아무렇지 않게 해결되기도 한다. 따라서 상대방과 대화를 할 때 화가 나면 앞에서 이야기한 네 가지 방법을 적용해보길 바란다. 그것이 화를 원만히 다스릴 수 있는 가장 좋은 대화법이다.

03

상대방이 교묘하게 조종하고 가스라이팅한다면

가스라이팅(Gaslighting)은 타인의 심리나 상황을 교묘하게 조작해 그 사람이 스스로를 의심하게 만듦으로써 타인에 대한 지배력을 강화하는 행위를 말한다. 가스라이팅이라는 용어는 1938년 미국에서 상연된 연극 <가스등>에서 유래했다. 이 연극의 줄거리는 이렇다.

여주인공 폴라는 성악 수업을 받기 위해 이탈리아로 가는데, 성악 선생님의 집에서 반주를 맡고 있던 젊고 잘생긴 청년 그레고리와 사랑에 빠져 공부를 포기하고 만다. 그레고리와 결혼한 폴라는 10년 만에 런던으로 돌아와 물려받은 집에서 신혼 생활을 시작한다.

그런데 집으로 돌아오고 난 뒤 그레고리는 온갖 구실을 붙여 폴라의 외출을 막는 한편 그녀를 정신이상자로 몰아가기 시작한다. 그레고리는 사실 폴라의 친척인 앨리스를 죽이고 폴라가 지니고 있던 보석을 가로채기 위해 접근한 인물이었다. 그레고리의 교묘한 속임수로 인해 폴라는 자신이 물건을 잃어버리거나 남편의 시계를 훔치고도 기억하지 못한다고 여기게 되고, 점점 심리적 상태가 불안정해진다.

한편, 밤마다 방 안의 가스등이 희미해지고 다락방에서 소음이 들리자 폴라는 이 사실을 남편에게 말하지만, 그레고리는 오히려 폴라가 상상 속에서 꾸며낸 일이라며 그녀를 미친 사람 취급한다. 그런데 예전에 앨리스의 팬이었던 런던 경시청의 브라이언 경위가 그레고리의 수상한 행동을 목격하고 의심하게 되면서 해결의 실마리가 풀리게 된다.

폴라를 찾아온 브라이언은 희미해지는 가스등과 미심쩍은 발자국 소리에 대한 이야기를 듣고 사건의 진상을 추리해낸다. 그레고리는 밤마다 근처 빈집을 통해 자신의 집으로 건너온 뒤 다락방에 숨어들어 몰래 앨리스의 보석을 찾고 있었던 것이다. 마침내 폴라는 그레고리의 정체를 밝혀

내고 자신을 되찾게 된다.

지금은 그렇지 않지만 1900년대 초반에는 어느 층의 가스를 켜면 다른 층의 불은 희미해졌다고 한다. 조금 오래된 집에 가보면 욕실에 물을 틀어놓고 싱크대 물을 틀면 물줄기가 확연이 약해지는 것처럼 말이다.

가스라이팅이 정말 치명적인 이유는 자신의 생각 물줄기나 생각 가스가 희미해진다는 것을 스스로 자각하지 못하기 때문이다. 한마디로 정상적인 판단이 불가능한 상태로 만드는 것이 가스라이팅이다.

이를테면 이런 말이 있다.

"네가 고생을 안 해봐서 몰라."

"너는 딱 그 정도밖에 안 돼."

"내가 뭐랬어? 안 된다고 했잖아."

가스라이터들의 공통적인 특징은 사람을 충조평판한다는 것이다. 충조평판은 충고, 조언, 평가, 판단을 가리키는데 이것이 가스라이터들의 특징이다. '내가 너를 잘 안다', '내가 너를 정말 걱정하고 있다'라는 페르소나(Persona, 가면)를 쓰고 상대방의 한계를 규정짓고 본인에게 의존하게 하기 때문에 가장 위험하다.

A라는 친구가 있다. 사회적으로 어느 정도 성공을 이루고 본인의 커리어를 차곡차곡 쌓아가는 친구였다. 성격도 아주 좋고 자기관리도 뛰어났다. 항상 긍정적이고 겸손하면서도 스스로에 대한 믿음이 있어 자존감이 굉장히 높은 반면 상대방을 인정할 줄도 아는 친구였다.

그런데 작년쯤 A가 연애를 시작했다면서 남자 친구가 굉장히 좋은 사람이라고 했고, 나는 예쁜 연애를 했으면 좋겠다고 말해주었다. 그 뒤로 약 1년쯤 연락이 안 되다가 최근에 연락이 와서 만났다. 오랜만에 얼굴을 본 것인데, A는 너무 달라진 모습이었다. 자신감 있던 눈빛은 온데간데없고 계속 누군가의 눈치를 보는 듯한 느낌이 들었다. 그래서 도대체 무슨 일이 있었던 거냐고 물었더니 한 달 전쯤 남자 친구랑 헤어졌으며 지금은 회복하는 중이라고 했다.

나는 좀 이상했다. 사실 연인과 헤어지고 나면 이별의 아픔을 견딘다거나 극복하고 있다는 표현을 많이 하는데 '회복'이라는 표현은 아주 생소했기 때문이다. 그래서 좀 구체적으로 물어보니 A는 전남친을 만나면서 굉장히 가스라이팅을 많이 당한 상태였다. 사귀기 전에는 사실 그에게 크게 호감이 없었다고 한다. 하지만 남친의 적극적인 구애로 만나게 됐다. 그런데 만나고 나서 1개월 정도는 남친이 굉장히 잘해주고 자신의 모든 것을 내보일 정도로 A에게 정성을 쏟았다고 한다. 그래서 A도 마음을 활짝 열고 그 남친에게 정성을 쏟았다는 것.

그런데 그때부터 남친의 행동이 조금씩 이상해졌다. 처음에는 "나는 너와 미래를 그리고 싶은데, 네가 ~해서 이런 부분이 좀 그렇다"는 불만을 부담스럽지 않게 이야기하는 수준이었다. 그래서 A도 남친을 좋아했기 때문에 이를 받아들였다.

'아, 맞아. 이해해. 좋아하니까, 오래 만나고 싶으니까, 진지하니까 이런 부분에 대해 불만을 얘기하는 거겠지.'

그렇게 생각하고는 남친이 싫어하거나 불편해하는 부분을 계속 고쳤다.

그런데 "호의가 계속되면 권리인 줄 안다"고 처음에는 그렇게 부탁하는 것을 들어주면 고마워하더니 나중에는 그것을 당연시했다. 심지어 부당하다고 느껴서 "그건 아닌 것 같아" 하고 이야기하면 화를 냈다고 한다.

"내가 이 정도인데 넌 그것도 못해줘? 너 원래 그런 사람이었어?"

여기서 "너 원래 그런 사람이었어?"라는 말투가 굉장히 중요하다. 이는 상대방을 본인의 잣대로 평가하고 판단해버리는 굉장히 좋지 않은 말투다. 그리고 이 말투는 이런 식으로 발전한다.

"너 원래 그런 사람이야."

물음표에서 마침표가 되는 것이다. "너 원래 그런 사람이야", "넌 원래 그래"는 가스라이터들이 흔히 쓰는 말투다. 여기서 더 나아가 "너 원래 그래. 네가 그래서는 안 돼", "너 원래 그런 사람이야. 그래서 내가 하라는 대로 하라고 했잖아", "너, 나 사랑하지? 사랑하면 이건 해야지" 등으로 계속 가지를 뻗는다.

로볼 전략이라는 게 있다. 로볼은 말 그대로 낮은 공(Low Ball)이다. 우리가 캐치볼을 할 때 처음부터 높이 던지면 상대방이 못 받을 확률이 높으니 낮은 위치로 공을 받기 편하게 주는 것을 말한다. 그리고 낮은 위치에 적응되면 조금 더 높게, 조금 더 높게 던지며 높이를 맞춰주는 것이다.

가스라이터들도 처음부터 맘먹고 가스라이팅을 하지는 않는다. '이 정도 부탁은 들어주는 게 낫겠지?', '이 정도 불쾌함은 표출하지 않는 게 낫겠지?', '음, 좀 말하기가 그런데' 하고 애매하게 느껴질 정도로 교묘하게 로볼을 던지며 세뇌를 시킨다. 그렇게 로볼을 던져 적응이 되면 하이볼을 맘껏 꽂는 것이다.

"네가 그러니까 안돼", "네가 그러니까 모르지" 하며 상대방의 존재가치를 무너뜨린 뒤, "그래서 내가 다 해줄게" 하고 자신에게 의존할 수밖에 없게 만드는 것이다. 그래서 A도 그렇게 무너졌을 것이다. 이 늪에 한번 들어가면 정말 빠져나오기가 힘들다. 정작 가스라이팅을 당한 사람들은 자신이 가스라이팅을 당한다는 사실을 모를 때가 많다.

그럼 상대방이 나를 가스라이팅하고 있는지, 아닌지를 알 수 있는 방법은 무엇일까? 가스라이팅 초기 단계에 그 사람이 자주 쓰는 언어를 유심히 살펴봐야 한다. 명령조나 단정조를 쓰고 스스로에 대한 에고(Ego)를 자주 표출한다면 조심할 필요가 있다.

또 부담스럽거나 애매한 부탁을 자주 한다면 주시해야 한다. '이 정도는 들어주지, 뭐' 하는 순간 그는 좀 더 어려운, 또 거절하기 애매한 부탁을 할 것이다. 그렇게 계속 들어주다 보면 어느새 그 사람 없이는 아무것도 할 수 없는 무가치하고 무기력한 존재가 되어 있을 수도 있다.

그런 사람들에게는 단호한 거절의 말투, 감정 섞이지 않은 이성적 답변이 필요하다.

"이 부분은 내가 해줄 수 없을 것 같아."

"왜 그런 식으로 나를 불편하게 하는지 물어봐도 될까?"

이런 식으로 단호하게 대처하고, 애초에 그렇게 발전할 가능성을 차단하는 자세가 필요하다.

잊지 말자.

무엇보다 누구보다 내가 가장 소중하다.

04

상대방의 진심을 알아내는 가장 좋은 대화법

연애를 하거나 썸을 탈 때 상대방이 나를 진심으로 생각하는지 가끔 의심될 때가 있다. 몸은 나와 함께 있지만 다른 곳을 보고 있다는 생각이 들기도 하고, 연락이 잘 안 돼서 답답하기도 하다.

"이 사람이 정말 저를 좋아하는 걸까요?"

이런 질문을 하는 사람들도 많은데, 여기서 딱 하나만 짚고 넘어갔으면 하는 게 있다. 바로 의심의 기준이 누구에게 있느냐의 문제다. 내 기준에서 그 사람이 다른 곳을 본다고 생각하거나, 내 기준으로 연락이 잘 안 된다고 생각하는 것은 아닌지 돌아볼 필요가 있다.

누군가는 일주일에 5일을 연인과 붙어 있으면서도 함께 있는 시간이 부족하고 '이 사람은 나와 많이 안 만나준다'고 섭섭해할 것이다. 또 누군가는 일주일에 한 번만 만나도 자주 만난다고 생각할 것이다. 마찬가지로 누군가는 내가 연락을 했는데 5분 안에 답장이 안 오면 연락이 잘 안 된다고 화를 내는 경우도 있고, 또 누군가는 8시간이 지나 답장을 해도 아무렇지 않은 경우가 있다. 그러니까 내 기준과 그 사람의 기준이 맞는지를 우선적으로 맞춰봐야 하는 것이다.

이는 상대방의 진심을 알기 전에 우선적으로 고려해야 할 사항이다. 내가 생각하는 사랑의 크기와 그 사람이 생각하는 사랑의 크기를 먼저 비교해봐야 한다. 서로 맞춰가기 위해 옆에 대놓고 길이를 재볼 필요가 있다. 예를 들어 상대방의 사랑 길이는 30cm인데 내 길이가 15cm라면, 상대방은 7cm를 줄이고 나는 8cm를 늘리려고 노력하면 된다.

정말 좋아하는데 연락을 자주 못하는 사람도 있다. 직장에서 스마트폰을 사용할 수 없다거나 스마트폰을 애초에 잘 안 보는 사람도 간혹 있다. 하지만 이런 사람들은 막상 만났을 때 훨씬 더 많은 사랑을 주기도 한다. 그러므로 연애를 할 때 스스로 내 기준을 설정해놓고 상대방을 그 틀 안에 맞추면서 구속하면 그 사람의 모습이나 내 모습을 모두 잃을 수 있기에 우선적으로 이 부분을 맞추려고 노력하는 게 맞다.

그러고 나서도 상대방의 진심을 잘 모르겠다면 내가 내 기준에서 너무 잘해줬거나 내 기준에서 연락을 너무 자주 했는지 스스로에게 물어보자. 만약 그렇다는 대답이 나오면 두 가지 방법이 있다.

첫째, 자신의 고민을 상대방에게 현명하게 털어놓는 방법이다.

"나는 이런이런 부분이 아쉬운데, 이런이런 방법이 우리 관계를 개선하는 데 좋을 것 같아. 네 생각은 어때?"

이런 식으로 상대방에게 질문하는 것인데, 상대방에게 물어볼 때도 아주 잘 물어봐야 한다. 단순히 자기 불만만 토로할 경우 상대방이 점점 마음의 문을 닫을 것이기 때문이다. 그래서 "네 생각은 어떠냐"고 질문의 주도권을 넘기는 방식이 필요하다. 그러면 상대방은 "그런 것 같다"거나 "나는 지금이 좋은데" 하고 두 가지 반응을 보일 것이다. 전자면 서로 맞추면 되는 거고, 후자일 경우 상대방을 내가 정말 좋아한다면 상대방의 뜻에 따르면 된다.

너무 집착하고 과도하게 자주 연락을 하는 것은 나에게도 상대방에게도 안 좋다. 오랫동안 건강한 연애를 하려면 모든 것을 공유하고, 간이고 쓸개고 다 빼주고, 매순간을 공유하는 방식은 서로 자제해야 한다. 아울러 혼자 속앓이하며 연애를 어렵게 하기보다는 상대방에게 내가 느끼는 섭섭함을 솔직히 꺼내놓아야 한다. 그런 다음 상대방의 생각을 들어보고 더 좋은 관계를 위해 서로 어떻게 노력할지 현명한 대화로 풀면 훨씬 더 좋은 결과를 기대할 수 있을 것이다.

05

잘못이 아닌 해결책에 집중하라

예전에 친구와 만나고 있는데 친구의 여자 친구에게서 전화가 왔다. 그런데 전화기 너머로 들리는 여자 친구의 목소리는 몹시 격앙돼 있었다. 나는 무슨 일인지 몰라 가만히 지켜보고 있었다. 친구는 여자 친구의 말이 끝나자 이렇게 말했다.

"응, 자기야. 무슨 말인지 알겠어. 자기가 화난 이유를 충분히 알 것 같아. 그런데 괜찮으면 내 얘기를 좀 들어줄 수 있을까?"

그러고는 조곤조곤 자신의 이야기를 했고, 통화가 끝날 때는 분위기가 꽤 좋아져 있었다. 나는 친구에게 궁금해서 물어보았다.

"무슨 일 때문에 여친이 그렇게 화가 난 거야?"

"아, 오해가 좀 있었어. 내가 하지 않은 걸 내가 했다고 착각했더라고."

나는 그 말을 듣고 이상해서 물었다.

"그건 오히려 네가 화낼 일 아니야? 그런데 왜 그걸 다 듣고 있었어?"

친구는 웃으며 대답했다.

"오해는 누구나 하잖아. 그러니까 오해를 어떻게 푸느냐가 중요한 거지. 굳이 싸울 필요는 없잖아."

그때 친구의 이 말에 많은 생각을 했던 기억이 있다.

예전의 내 모습을 떠올려보면 항상 그랬다. 내가 잘못했을 때는 상대방에게 무조건적인 이해를 바랐지만, 상대방이 나를 오해하거나 내게 잘못을 했을 때는 가차 없이 다그쳤다. 그런데 "야, 잘못 알고 있으면서 왜 그렇게 잘났냐?", "이것도 못하냐?", "왜 이런 것도 기억 못해?" 하는 식으로 내로남불 대화를 하다 보니 정말 사소한 일로도 상대방과 다투고 부딪치는 바람에 소중한 인연을 많이 잃었다.

대화를 정말 잘하는 사람들은 대화할 때 잘못된 점이 아니라 해결책에 집중한다. 상대방이 만약 나를 오해해서 무작정 화를 낼 경우 덩달아 더 크게 화를 내고 그 사람의 오해를 질책하는 게 아니라, 우선 들어보고 잘못된 점을 스스로 깨닫게 한 뒤 더 나은 해결책을 찾는 것이다. 이런 긍정적인 대화의 장점으로는 크게 세 가지를 들 수 있다.

크게 싸울 일을 만들지 않는다

상대방의 잘못을 어떻게든 끄집어내서 공개할 경우 상대방은 자신이 잘못했다는 것을 인정하기에 앞서 그것을 어떻게든 비꼬고 끄집어낸 상대방에 대한 실망과 분노를 표출하게 돼 있다. 그렇게 되면 정말 사소한 잘못으로도, 정말 작은 오해로도 둘 사이가 완전히 멀어질 수도 있다.

"호미로 막을 것을 가래로 막는다"는 속담이 있다. 이 말인즉슨 충분히 작은 일로 끝낼 수 있는데 경거망동해서 그 일을 크게 벌이는 바람에 막지 못할 지경에까지 이른다는 뜻이다. 하지만 상대방의 잘못을 내가 굳이 드러내지 않고 차분히 대화를 주도하면 상대방은 분명 자신의 잘못을 알게 될 것이다. 그리고 자연스레 미안한 감정을 내비칠 것이다.

상대방이 자연스럽게 존중하게 만든다

20대 초반에 직장 생활을 하던 B가 선배의 연락을 받았다. 선배는 B에게 일처리가 제대로 안 되어 있다며 뭐라고 하는 것 같았다.

"예, 선배님. 제가 한번 확인해보겠습니다."

B는 그렇게 대답하고는 전화를 끊었다. 내가 무슨 일이냐고 물으니 B는 웃으며 말했다.

"이미 처리가 끝난 일인데 제대로 안 돼 있다고 뭐라고 하셔서……."

나는 이상해서 B에게 물었다.

"야, 네가 잘한 건데 왜 변명을 안 해? 나 같으면 화를 냈겠다."

그러자 B는 아무렇지도 않다는 표정으로 말했다.

"어차피 자연스레 아시게 될 텐데, 뭘."

정말 B의 말대로 몇 시간 뒤 선배에게서 다시 전화가 왔고, 다 알고 있었을 텐데 왜 말을 안 했냐며 미안해하는 것 같았다. B가 웃으며 말했다.

"워낙 바쁘신데 당연히 그러실 수 있죠. 신경 써주셔서 감사합니다."

만약 내 후배가 B처럼 대인배 같은 모습을 보여준다면 후배여도 존경심이 들 것 같다. 상대방이 잘못을 스스로 깨달을 때까지 기다려주는 여유가 정말 멋졌기 때문이다.

이처럼 상대방의 잘못을 스스로 깨닫게 해주는 사람들은 나이가 많든 적든 지위가 높든 낮든 '이 사람 진짜 단단하다'라는 느낌과 아울러 존경심을 갖게 한다.

이성적인 대화로 감정 소모를 막는다

정말 사소한 대화로 친구와 싸운 적이 있다. 내가 응원하는 농구팀의 에이스와 친구가 응원하는 농구팀의 에이스 중 누가 더 가치 있느냐는 것인데, 사실 답은 없었다. 둘 다 좋은 선수였으니까.

그런데 그때는 그런 사소한, 우리 인생에 아무 의미도 없는 그런 대화가 정말 중요했다. 왠지 그 대화에서 이겨야만 그 농구팀을 응원하는 정당성을 부여받는 것 같기도 했다. 하지만 몇 시간이나 대화를 해도 결론은 나지 않았고, 결국 서로의 감정이 상했던 경험이 있다.

그런데 진짜 이성적인 대화를 하는 사람들은 그런 의미

없고 감정만 소모하는 논쟁 따위를 아예 하지 않는다. 누군가가 그런 대화 주제를 꺼내면 "야, 그것보다 이게 더 낫지"라고 말하지 않는다. 그 대신 "아, 그렇구나. 정말 대단한데?" 하고 상대방을 띄워주거나 "오, 멋지다! 그것도 정말 좋은 방법인 것 같아" 하고 상대방의 의견에 동조해준다.

어느 누구도 자신을 존중해주는 태도를 싫어하지 않는다. 그렇기에 상대방의 잘못을 지적할 시간에 그 해결책에 집중하고 어떻게 문제를 잘 풀어갈 것인가를 고민하자. 그러면 소중한 시간과 소중한 사람들, 소중한 감정을 훨씬 더 아낄 수 있다.

06

승자가 없는 논쟁에서 벗어나는 기술

"논쟁에서 최선의 결과를 얻을 수 있는 유일한 방법은 그것을 피하는 것"이라는 말이 이 있다. 논쟁은 '서로 다른 의견을 가진 사람들이 각각 자기의 주장을 말이나 글로 논하여 다툰다'라는 뜻이다. 다툰다는 의미 자체가 건강한 의견 공유보다는 싸움 쪽에 가깝기 때문에 호전적인 느낌을 준다.

논쟁은 나와 의견이 다른 상대방을 존중하기보다 굴복시키고 이기는 데 초점이 맞춰져 있다. 따라서 자칫하면 서로 상처만 남긴 채 아무것도 얻지 못하고 소중한 관계를 망치게 된다. 다음에서는 이렇게 승자가 없는 논쟁에서 벗어나는 세 가지 기술에 대해 이야기해보려 한다.

다짜고짜 '왜?' 하지 말고 '어떻게?' 하자

"왜 그렇게 생각해?" 하는 질문을 들었을 때 느끼는 감정과 "어떻게 그런 생각을 하게 됐는지 물어봐도 될까?" 하는 질문을 들었을 때 느끼는 감정이 굉장히 다를 것이다.

앞의 질문을 들었을 때는 내가 공격당하는 것 같고 불편함이 느껴진다. '왜?'라는 질문 자체가 공격적 성향이 짙기 때문이다. 그 질문을 들으면 더 감정적으로 대처할 수 있고 또 자칫하면 큰 싸움으로 번질 수도 있다.

반면 뒤의 질문에서 '어떻게?'라는 말은 상대방에게 '나는 기다려줄 수 있으니 천천히 얘기해도 된다'고 느끼게 해준다. 그래서 부담을 훨씬 덜 느끼고 마음을 열어 자신의 속내를 잘 이야기하게 된다.

그러므로 직설적으로 '왜?'라고 묻기보다는 상대방의 마음을 헤아리고 조금은 돌려서 묻는 '어떻게?'를 주로 사용하자. 그러면 서로를 더욱 존중하는 대화가 가능해질 것이다.

감정적으로 대하지 말자

예전에 고깃집에서 재미있는 일이 있었다.

나는 모임에서 친하게 지내는 사람들과 식사를 하고 있었다. 먼저 삼겹살을 시켜 먹다가 돼지갈비를 먹고 싶어서 돼지갈비를 시켜 먹었는데 삼겹살이 더 맛있었다. 그래서 다시 삼겹살을 주문했더니 주문을 받던 사장님이 "그럴 거면 처음부터 삼겹살만 먹지 왜 굳이 판을 갈게 하느냐"며 핀잔을 줬다.

그 말에 너무 어이가 없어서 나는 '어떻게 하면 이 사장님을 당황하게 하지?' 하고 생각하고 있었다. 그런데 그때 같이 식사하던 형이 사장님께 웃으며 말했다.

"사장님, 혹시 기분 안 좋은 일 있으세요?"

그 순간 사장님은 몹시 당황했다.

"기분 안 좋은 일 없는데……."

그러고는 허둥지둥 테이블을 벗어났고, 서비스로 고기를 1인분 더 내왔다. 형의 말에 자신의 감정을 객관화할 수 있었던 것이다.

흔히 상대방과 의견이 다르면 "그래, 네 말도 일리 있다"고 인정하고 존중하는 태도를 보여야 한다고 하는데, 사실

머리로는 그렇게 생각하더라도 실제로는 그게 잘되지 않는다. 그러다 보면 언성이 높아지고 서로에게 상처가 되는 말도 한다. 심지어는 몸싸움까지 벌일 때도 있다. 일이 그렇게 진행되기 전에 항상 스스로를 자중시키는 마인드컨트롤이 필요하다. 어떤 순간에도 절대 감정적으로 대하지 않는 태도가 필요한 것이다.

만약 고깃집 사장님이 나에게 감정적으로 대했다고 해서 나도 감정적으로 나갔다면 분명 서로에게 큰 상처를 입고 또 입혔을 것이다. 하지만 감정적으로 대하지 않고 상황을 객관화한 뒤 상대를 이성적으로 대하면 상대는 분명 자신이 감정적이었다는 사실을 스스로 깨달을 것이다. 그렇게 되면 갈등이 의외로 쉽게 풀린다.

어떤 경우에도 상대를 존중하자

친한 형과 식사를 하고 있는데 형에게 전화가 걸려왔다.

"그래요. 말해줘서 고마워요."

형은 그렇게 말하며 전화를 끊었고, 나는 무슨 일인지 물어보았다. 그러자 형은 미소를 지으며 말했다.

"아들이 5천900원짜리 게임 아이템을 사도 되느냐고 묻네."

게임 아이템을 산다는데 왜 존대까지 하면서 고맙다고 하는지 의아했다. 내 표정을 읽었는지 형이 이렇게 덧붙였다.

"그래도 이렇게 사고 싶다고 얘기하니 얼마나 고맙냐. 난 집에 가서 아들한테 꼭 물어봐. 게임 아이템을 사서 뭐가 좋았는지, 어떤 점이 달라졌는지. 그럼 아들은 신나게 얘기를 해주지. 고작 5천900원으로 아들이랑 친해지고, 또 요즘 애들 문화도 알게 되니 얼마나 좋아?"

형의 말에 나는 고개를 끄덕일 수밖에 없었다.

대화도 마찬가지다. 내가 상대방을 은연중에 무시하고 얕잡아보면 그도 나를 그렇게 보려고 할 것이다. 의미 없는 대화에서 서로 상처를 주면, 그 논쟁은 큰 싸움으로 번지게 된다. 그러니 상대방이 예의를 지킨다면 어떤 경우에도 그를 존중하자. 서로의 의견은 틀린 게 아니라 다른 것이다. 내가 마음의 문을 닫고 그 사람의 의견에 귀 기울이지 않으면 배울 게 없지만, 내가 마음의 문을 활짝 열고 그의 의견을 기꺼이 받아들이면 삶에 적용할 수 있는 부분도 훨씬 많아진다.

최고의 병법서 《손자병법》에는 "싸우지 않고 이기는 게 최선"이라는 명언이 나온다. 싸우지 않고 해결할 수 있는 방법을 찾고, 서로가 서로를 배려하며 최선의 결과를 도출하자. 그게 최고의 기술이다.

Chapter 04

해야 할 말과 하지 말아야 할 말

01

상위 1퍼센트 부자들의 대화법

고대 그리스 철학자 아리스토텔레스(Aristoteles)는《니코마코스 윤리학》에서 설득의 수단으로 로고스, 파토스, 에토스를 꼽았다.

로고스(Logos)

로고스(Logos)는 논리를 말한다. 객관적 사실이나 논리적 근거를 바탕으로 주장함으로써 상대방을 설득시키는 것이다. 예를 들면, 이런 것이다.

"자신이 어떻게 생각하느냐에 따라 행복해질 수도 있고

불행해질 수도 있습니다. 하버드대학교 심리학과에서는 하버드생 856명을 대상으로 '어떤 것이 행복인가?'라는 설문조사를 했습니다. 놀랍게도 불과 15퍼센트만이 '돈이 많은 것'을 택했고, 32퍼센트의 학생이 '마음가짐'이라고 답했습니다. 이처럼 돈이 아무리 많아도 불행할 수 있고, 또 기본적인 의식주만 해결돼도 충분히 행복할 수 있습니다."

애초에 이 로고스는 성립될 수 없지만(하버드대학교 심리학 실험은 예시를 위해 내가 만든 것이다), 로고스는 대개 이런 식으로 이루어진다. 공신력 있는 사람들의 이야기, 검증된 연구 결과를 토대로 자신이 말하고자 하는 바를 강하게 짚고 넘어간다.

부자들은 대개 상당히 객관적이며 또 그들의 말에는 논리가 있고 공신력도 있다. 그들은 대화를 할 때 상대방을 설득하고, 또 그로 인해 상대방이 자신을 신뢰하게 함으로써 또 다른 기회를 만들어내거나 좋은 인연을 형성해간다.

에토스(Ethos)

에토스(Ethos)는 품성이나 품격에서 나오는 인간적 신뢰감을 말한다. 말하는 사람의 외면, 카리스마, 그 사람이 쌓아온 스펙 같은 것이다. 아리스토텔레스는 굉장히 매력적인 사람이 어떤 주장을 하면 그에 대한 반론이 아무리 논리적이거나 심리를 자극해도 이길 수 없다고 말했다. 예를 들면 참이슬을 광고하는 아이유를 보며 나도 모르게 집에 가는 길에 소주를 사간다거나, 애플에 대한 무한한 신뢰감으로 업그레이드가 아닌 '옆그레이드'를 하더라도 '아묻따(아무것도 묻지도 따지지도 않고)' 아이폰을 구매하는 것이 이에 해당한다.

그래서 부자들은 기본적으로 말을 할 때 과하지 않게 스스로를 어필하는 데 특화되어 있다. 처음 만났을 때 자신이 어떤 사람인지 깔끔하게 밝히거나 대화 도중에 담백하게 이야기한다.

"안녕하세요. 온라인으로 반려동물 간식숍을 운영 중인 ○○○입니다."

"안녕하세요. 현재 온라인 쇼핑몰 사업을 하고 있는 ○○○입니다."

이런 식으로 사람들이 자신에게 관심을 갖도록, 적어도 질문을 2개 이상은 할 수 있도록 간략히 자기소개를 한다. 그리고 뒤따르는 질문에 대한 대답으로 스스로를 자연스레 어필한다.

전자의 경우 사람들은 당연히 반려동물전문가라는 인식을 할 것이다. 그래서 "저도 반려동물을 키우는데 간식은 어떤 게 좋아요?"라거나 "반려동물 간식을 구매하는 분들은 대개 어떤 분들이신가요?" 같은 질문이 뒤따를 것이다. 후자의 경우는 "쇼핑몰을 어떤 식으로 운영하시고 있나요?", "어떤 아이템을 주축으로 하세요?" 등의 질문이 나올 것이다. 그러면 그 질문에 상대방이 원하는 대답을 하며 스스로를 솔직하고 자연스럽게 어필하면 된다.

이 방법은 평범한 직장인도 쓸 수 있다. 이를테면 자신을 그냥 직장인이라고 소개하기보다는 "8년 차 정비사"라거나 "5년 차 소프트웨어 엔지니어"라고 소개하는 것이다. 또는 "4년 차 시청 공무원입니다. 지금까지 세절한 문서만으로도 하늘에서 눈이 내리게 할 수 있습니다" 하고 좀 더 특색 있게 소개한다면 사람들은 당신에게 더 빠져들 것이다.

파토스(Pathos)

마지막으로, 파토스(Pathos)는 사람들의 심리에 기반한 감정적 설득을 말한다. 감정적으로 사람들이 공감할 만한 이야기를 하는 것이다. 이를테면 이런 식이다.

"많이 힘드셨군요. 저도 많이 어려웠습니다. 반지하에 살면서 삼시 세 끼를 김밥으로 때울 때도 있었죠."

"글을 쓰면서 참 힘들었습니다. 처음엔 두 줄을 쓰는 데 세 시간이 걸렸죠. 하지만 그 글이 좋았을까요? 전혀 아닙니다. 여기 이렇게 제 글을 보여드립니다. 괜찮으신가요? 아마 자신감이 생기셨을 겁니다. 나도 저것보단 잘 쓰겠다는."

이렇게 사람들을 감정적으로 건드리고 공감할 만한 소재를 다루는 것이 바로 파토스다. 특히 부자들은 대화에서 이런 식의 파토스를 계속 건드린다. 36세에 프랜차이즈 기업을 200억 원에 매각하고 현재 어려운 자영업자들을 무료로 돕고 있는 유튜브판 골목식당의 주인공이자 《나는 장사의 신이다》의 저자 은현장 대표도 마찬가지다.

"어린 시절 굉장히 힘들었고 3잡, 4잡을 하며 매번 버텼다. 그래서 여러분의 어려움과 아픔을 너무나도 잘 안다."

그는 이렇게 사람들을 공감시키고 감동시킨 뒤 솔루션을 진행한다. 그러니 솔루션의 효과는 당연히 배가될 수밖에 없다. "재는 원래 금수저였을 거야", "원래 잘살았으니 당연히 잘됐겠지" 하는 반감이 없고, "정말 나를 진심으로 도와주시는구나" 하는 감사가 그 마음에 자리를 잡기 때문이다.

이처럼 부자들은 대화에서 가장 중요한 로고스, 에토스, 파토스를 적절히 활용한다. 이성적인 논리와 감성적인 공감 그리고 신뢰할 만하고 호감이 가는 캐릭터를 만들기 위해 노력하자. 부자들이 칼같이 지키는 이 대화법을 우리 인생에 적용한다면, 분명 우리의 인생도 지금보다 훨씬 더 나아질 것이다.

02

0.1초 만에 사람을 비호감으로 만드는 말투

나 원래 그래

전에는 친했는데 지금은 연락을 하지 않고 지내는 친구 C가 있다. C는 나와 취미가 잘 맞아 곧잘 만나고 시간을 많이 보냈는데, 친해지면서 점점 안 좋은 모습이 보이기 시작했다. 나는 그 당시에 C에게 정이 들었고 그러다 보니 친구가 더 나은 사람이 됐으면 하는 마음에 "이런 부분은 좀 개선하면 좋지 않을까?" 하는 식으로 권유를 했다. 그때마다 C가 항상 하는 말이 있었다.

"나 원래 그래."

이 말은 한순간에 관계의 가능성을 닫아버린다. 발전 가능성을 열어두어 상대방에게 '괜찮은 사람'이라는 느낌을 주는 게 아니라, '얘한테는 더 이상 얘기해 봤자 아무 소용없겠구나'라는 느낌을 준다.

사실 원래 그렇다고 하면 별로 할 말이 없다. 원래 그렇다는데 무슨 다른 말이나 행동이 필요하겠는가. 그 말은 그에 대한 호감을 한순간에 비호감으로 바꾸고, 더없는 실망감을 안겨준다. 상대방과의 관계를 발전시키고 싶거나 좋은 관계를 유지하고 싶다면 이 말은 절대 쓰지 말자. 관계를 망치는 주범이다.

내 말이 맞았지?

SNS를 보면 굉장히 재미있는 경향이 눈에 들어온다. 가끔 인스타그램에 주식이나 코인에 대한 수익 인증을 하는 사람들이 있는데, 대부분 불장일 때 주로 인증을 한다.

"거봐, 내가 이 주식 오를 거랬지?"

"이 코인 떡상한다니까. 안 올라갈 수가 없어."

이런 식으로 자신의 선견지명을 자랑하던 사람들은 폭락

장에선 귀신같이 사라지는 게 특징이다. 또한 이렇게 결과론에 스스로를 꿰맞추는 사람들은 인간관계에서도 똑같은 태도를 취한다. 즉, 맞으면 내가 잘해서고 아니면 그만이다. 누군가가 이유 없이 싫다고 해서 왜 싫으냐고 물으면 "그냥"이란다. 그러다 간혹 그 누군가가 싫어질 때가 있는데, 그러면 영락없이 이런 말로 꿰맞춘다.

"거봐. 내 말이 맞았지? 걔 별로라니까."

하지만 그 말을 듣는 사람이 바보가 아닌 이상 그의 얕은 내공을 낱낱이 파악한다. 결과론적인 얘기를 누가 못하겠는가. 결과론적인 얘기를 계속하다 보면 어떤 경우에나 정신 승리를 하게 되고, 그러다 보면 발전보다는 퇴보를 가져온다.

비교

어떤 경우에도 사람 사이에서 비교는 금물이다.

"예전에 만나던 애는 이것도 해줬는데……."

"얘는 이렇게 잘하는데 넌 왜 이것밖에 못해?"

이런 대화는 상대방의 자존감을 깎아내리고 낮추며, 상

대방에게 '내가 보잘것없는 사람이구나' 하는 느낌이 들게 한다.

대화에서 습관적으로 비교하는 사람들 주변에는 사람이 없다. 당연한 일이다. 누군들 나의 못난 점을 꼬집고 나보다 더 잘하는 상대방과 비교하며 나를 깎아내리는 사람을 좋아하겠는가.

비교는 오로지 과거의 나와 하자. 현재의 내가 과거의 나보다 낫다면 그걸로 족하다.

강요

말투 자체에 강요가 가득 담긴 사람들은 권위적이다. 명령조 말투를 듣고 기분 좋을 사람은 단연코 없다. '내가 당신의 반려동물도 아닌데 굳이?' 하는 생각에 반감이 든다. 이런 강요 말투는 회사에서도 마찬가지다. 직급이 높다고, 나이가 많다고 해서 상대방에게 "이거 하세요", "이거 빨리 해" 하면 상대방이 존중받지 못한다는 생각이 드는 게 당연하다. 이럴 때는 "이거 해줄 수 있을까요?" 하거나 "빨리 처리해야 하는 내용이니 부탁합니다" 하고 조금 더 말을 늘어뜨리는 게 좋다.

효율적으로 짧게 말하면 1초 정도 아끼겠지만, 좀 더 길게 말하되 상대를 배려하면 훨씬 더 많은 걸 얻을 수 있다.

비꼬기

"네가 그걸 한다고?"

"그게 돼? 내가 널 아는데?"

"잘해봐, 어차피 못하겠지만."

내가 뭔가에 도전한다고 했을 때 응원은커녕 재를 뿌리는 사람들이나, 무슨 말을 하든 비꼬기로 화답하는 사람들과 대화를 나누면 에너지가 급속히 떨어지고 불쾌감을 느낀다.

예전에 어떤 말을 해도 비꼬는 사람이 있었다. 내가 도전을 한다고 하면 "그게 되겠냐?", 연애를 한다고 하면 "금방 다시 돌아오겠네", 일을 한다고 하면 "그렇게 일하면서 월급 받는 게 신기하다"고 비꼬았다. 친분이 있어서 편하게 말한 거라고 변명할 수도 있지만, 친한 사이일수록 오히려 더욱더 조심해야 하지 않겠는가.

건강한 관계를 원한다면 상대방을 배려하고 존중하는 말투여야 한다. 친하다고, 막역한 사이라고 편함을 가장해 무례한 말투를 자연스레 내뱉는다면 상대방도 당신을 딱 그 정도로만 취급할 것이다. 친한 사이일수록 더 선을 지키고 상대를 배려하자. 건강한 관계는 서로에 대한 존중에서 싹튼다.

03

말하기 전에 객관성과 주관성을 구분하라

예전에 다니던 회사에서 J와 K가 크게 싸운 적이 있다. 이유인즉슨 J는 K의 태도가 마음에 안 들었고, K는 J가 실적에 비해 효용성이 크지 않다고 생각했다. J는 K가 자신을 무시했다며 사람들에게 억울하다고 감정적으로 호소했다. 하지만 K는 정확한 근거와 데이터를 준비해 J의 역량을 사람들에게 보여주었다. 여러분이라면 이때 누구 편을 들겠는가?

물론 어떤 이유에서든 감정싸움은 지양해야 한다. 결코 좋게 끝날 수 없기 때문이다. 어쨌든 이 상황에서 J는 단순히 '나를 무시했다', '기분이 좋지 않다', '싸가지가 없다'는 자신의 주관적 감정을 토대로 K를 판단했다. 반면 K는 'J는 일의 효용성이 형편없음에도 불구하고 자신의 권위를 챙기려 한다'는 객관적 데이터로 자신을 방어했다. 그래서 사람들은 당연히 K에게 무게를 더 실어줄 수밖에 없었다.

이처럼 화법에서 객관성과 주관성은 정말 중요하다. 객관적이라는 것은 근거가 있고 기준이 있다는 뜻이다. 예를 들어 시험은 '점수'라는 객관적인 데이터가 있다. 그리고 집도 '매매가'라는 객관적인 데이터가 있다. 하지만 외모는 어떨까? 예를 들어 '강아지상'을 객관적 데이터라고 말하기에는 뭔가 부족하다. 누군가는 강다니엘 같은 얼굴을 강아지상이라고 할 수 있고, 또 누군가는 차은우의 얼굴을 보고 강아지상이라고 할 수 있다. 이처럼 기준이 명확하지 않은 쪽을 주관적이라 하고 반대로 기준이 명확한 쪽을 객관적이라고 한다.

말할 때 객관성과 주관성을 구분해야 하는 가장 큰 이유는 '이성'이다. 상대방에게 섭섭하다면 어떤 행동으로 인해 내가 섭섭했는지, 그 근거는 무엇인지 정확히 상대방에게 전달해야 한다. 그런 근거도 없이 그저 단순히 내 감정이 좋지 않아서, 그때 나에게 섭섭하게 해서라는 식으로 앙탈을 부리면 상대방은 지쳐버릴 것이다.

최근에 핫한 MBTI나 예전에 유행했던 혈액형을 보면 굉장히 재밌다. 이는 사람이 누구나 객관적인 상황도 주관적으로 생각한다는 것을 잘 보여주는 사례로 어떤 사람들은 때때로 이런 점을 이용해 상대방을 조종하기도 한다. 예를 들어 다음 질문을 보자.

"당신은 사람들과 잘 어울리면서도 가끔은 혼자 집에서 자신만의 시간을 보내는 것을 선호하는 편이죠?"

"당신은 눈이 높은 편이지만 또 이상형과 전혀 반대되는 사람에게 끌리기도 하죠?"

이런 질문에 사람들은 대부분 '예'라고 답할 것이다. 거의 다 해당되는 두 가지를 섞어놓고 이에 해당되는 편이냐고 묻는 주관적 질문에 보통의 주관적인 사람들은 "이거 내 이야기네" 하며 공감하고 그 사람을 무턱대고 신뢰한다.

사람들은 막연하고 일반적인 이야기에 의미를 부여하고 자신만의 이야기로 받아들이는 경향이 있다. 이러한 경향은 자신에게 유리하거나 좋은 것일수록 더 강해진다. 좋은 일이 있기를 바라는 우리의 소망 때문이다.

이처럼 소망이나 착각에 의해 막연한 이야기를 자기에게 이롭게 해석하는 경향을 '포러 효과(Forer Effect)'라 한다. 이러한 포러 효과 덕분에 사주나 타로, 점괘 같은 종류가 유행하는 것이다. 주관적인 사람들에게 객관적인 척 접근해서 그 사람들의 심리를 조종하는 것이다.

예전에 사주를 잠깐 배운 적이 있다. 7주 정도 공부했는데, 사주 선생님의 사주풀이가 아주 용했다.

"민창 님은 예술가 기질이 다분하세요. 사주에 수가 많으니 나무를 가진 사람들과 함께 있으면 좋고, 또 어딘가에 소속되어 활동하기보다는 스스로 자유로워야 더 좋은 결과를 냅니다. 재능이 많고 끼가 많습니다. 앞으로 잘 풀릴 거예요."

그동안 힘들었던 나를 위로해주고 보상해주는 것 같아 기분이 좋고 행복했다. 그 이후 까맣게 잊고 살았는데, 나는 지금 그분의 사주풀이와 거의 정반대로 살고 있다. 하지만 훨씬 더 행복하고 여유롭다. 또한 그 당시에는 사주를 믿었지만, 지금은 나의 행동만 믿는다.

이처럼 누군가의 심리를 쉽게 조종하는 데는 '객관적인 척하는 주관적인 말'이 중요하다. 하지만 우리가 그 화법을 사람을 조종하는 데 쓰는 게 아니라 상대방을 위로하고 힘내게 하는 데 쓴다면 더할 나위 없이 좋을 것이다.

"요즘 많이 힘들지? 그런 일 하는 사람들이 대부분 많이 힘들어하더라. 그러면서도 또 거의 다 극복하고 더 나은 삶을 사는 걸 많이 봤어. 그러니 너도 충분히 해낼 거라 믿어. 힘내.”

04

극단적인 표현이 나오려 할 때 떠올리는 생각

내가 20대 중반에 다닌 직장에서는 대부분의 사람들이 좋았는데 눈엣가시 같은 사람이 한 명 있었다. 그는 나보다 직급이 높았지만 일은 잘 못했는데, 후배들을 부리고 통솔하며 이상한 체계 만드는 것을 아주 좋아했다. 그래서 대부분이 그를 싫어하고 꺼렸지만, 그 사람 앞에서 그런 말을 하는 사람은 거의 없었다. 회사에서 어느 정도 파워가 있었고, 또 진급 때 누군가에게 불이익을 줄 수도 있는 사람이었기 때문이다.

그러던 어느 날, 나와 그 상사 사이에 문제가 터졌다. 사소한 일로 크게 싸우게 된 것이다. 나는 화가 나서 "상사 갈지도 않은 게 상사 대접 받으려고 하냐"고 그에게 쏘아붙였다. 그 말을 들은 상사는 이후 나에게 눈에 보일 정도로 불이익을 주며 계속해서 나를 괴롭혔다.

그 일은 내 인생에 변화를 가져왔다. 그전까지는 성격이 불같아서 내 마음에 안 들면 부딪치고 어떻게든 해결책을 강구하는 타입이었는데 이후로는 성격이 많이 바뀌었다. 마음에 안 들 때 시원하게 한마디를 하면 기분은 좋지만 그 여파가 굉장히 오래가서 나에게 나쁜 영향을 미칠 수 있다는 것을 경험했기 때문이다.

극단적인 표현이 나오려 할 때는 다음 두 가지만 생각하면 된다.

내가 책임질 수 있는가

예전에 입버릇처럼 이렇게 말하고 다니는 사람이 있었다.

"나 이거 개선 안 되면 무조건 퇴사할 거야."

"나 지금 당장 짐 싸서 나갈 수도 있어."

"그냥 그만두면 끝이야."

자신의 역할이 회사에서 중요하다는 것을 알고 그것을 자신도 모르게 협상 카드로 쓰는 경우였다. 하지만 그런 말을 습관적으로 하자 회사 사람들도 그의 성향을 알게 되어 그런 말을 할 때마다 "또 왜 저러냐?"며 그를 무시하기 시작했다. 결국 그는 회사를 그만두지 않았다. 아직도 회사를 잘 다니고 있으며, 여전히 구시렁구시렁하고 있다.

어떤 말을 할 때 내가 그것을 확실히 실행할 수 있는지, 책임질 수 있는지는 굉장히 중요한 요소다. 만약 내가 그 말을 하고도 실행하지 못한다면 그 말의 무게는 현저히 줄어든다. 극단적인 요소를 협상 카드로 들고 나와 상대방을 압박하는 것이 한두 번은 가능하다. 하지만 그것이 계속되면 상대방도 그 사람에 대한 가치를 크게 느끼지 못한다. 행동하지도 못하면서 말만 하는 사람이라고 생각하기 때문이다. 그러니 어떤 말을 할 때는 내가 그 말을 정말 책임질 수 있는지를 고민하고 또 고민하자.

감정에 취해 돌이킬 수 없는 실수를 하는 건 아닌가

상대방과 좋은 감정을 갖고 관계를 이어나간다 해도 언

제나 어긋날 가능성은 있다. 사소한 섭섭함으로도 한순간에 깨지는 게 인간관계다. 그런 섭섭함이 쌓이고 쌓이면 끝내 폭발하게 되는데, 극단적인 표현이 나오려 할 때 반드시 기억해야 할 것은 '지금의 이 감정에 취해 돌이킬 수 없는 실수를 하는 건 아닌지'다.

이 순간 내가 상대방에게 확실히 상처를 주면 잠깐은 마음이 편하고 묵은 체증이 해소된 듯한 기분이 들 수 있다. 하지만 장기적으로는 보아 나에게 훨씬 더 손해라면 그 말은 단언컨대 절대 하지 말아야 한다. 이때 감정을 다스리는 두 가지 방법을 추천한다.

첫째는 주기적인 운동이다. 운동을 하면 두뇌에서 엔도르핀과 도파민이 분비된다. 이는 긴장을 완화하고 극단적인 생각을 현저히 줄여주며 긍정적으로 살게 하는 좋은 에너지를 내뿜게 해준다. 우리는 운동을 함으로써 스트레스가 쌓이는 것을 방지하고 극단적인 행동이나 말을 최대한 줄일 수 있다.

둘째는 명상이다. 현대인들은 스스로를 돌아볼 시간과 여유가 없이 바쁘게 살아간다. 만원 지하철과 버스에 몸을 맡긴 채 출퇴근을 하고, 일과 삶에 치여 정작 자신을 위한 시간은 엄두도 내지 못한다. 그러다 보니 스트레스나 잔여 감정이 계속 쌓여서 극단적인 말로 표출된다. 이를 방지하려면 하루에 최소한 10분이라도 명상을 하며 스스로를 돌아보는 시간이 필요하다. 힘든 일이 있었다면 왜 힘들었는지, 어떤 점이 힘들었는지, 그로 인해 어떤 감정을 느꼈는지, 그 감정을 해결하려면 어떤 방법을 취해야 하는지…….

스스로를 돌아보고 하루를 시작하거나 정리하는 루틴.

우리의 행복한 삶을 위해서는 이런 루틴이 반드시 필요하다.

05

1초 만에 인생을 바꾸는 긍정의 말습관

동갑내기 중에 매월 1억 원 정도를 버는 친구 L이 있다. 30대 초반의 나이에 그 정도의 수익을 얻기가 정말 힘들다는 것을 알기에 친구지만 진심으로 존경한다. L을 만나다 보면 정말 많은 걸 배우는데, 그중 하나가 긍정의 말습관이다. L은 웬만해서는 "못해", "힘들어"라는 말을 하지 않는다.

예전에 L과 같이 농구를 한 적이 있다. 나는 그래도 10년 넘게 농구를 했고 대회도 많이 나가본 터라 농구가 더없이 친숙하고 편한데, L은 농구를 아예 안 해본 친구였다. 당연히 농구가 어색하고 힘들었을 텐데, "같이 할래?"라는 말에

L이 "민창이 네가 조금만 알려준다면 나도 할 수 있어"라고 말했던 기억이 난다. 사소한 걸 보면 그 사람의 모든 것을 알 수 있다는 말처럼 L의 태도에서 나는 L이 어떻게 성공할 수 있었는지 명확히 알 수 있었다.

서던덴마크대학교 연구진이 말투의 중요성에 대해 재미있는 실험을 했다. 연구진은 참가자들을 세 그룹으로 나눠 실험을 진행했다. A그룹은 긍정적인 말로 실험 내용을 설명했고, B그룹은 부정적인 말로 실험 내용을 설명했으며, 마지막으로 C그룹은 실험을 하기 전에 참가자들에게 근육 운동을 하게 했다. 그 결과 A그룹은 대퇴근의 내성이 22퍼센트나 향상됐지만 B그룹은 내성이 4퍼센트 떨어진 데다 심한 근육통도 생겼다. 부정적인 말이 마음을 약하게 만들 뿐 아니라 몸과 통증 감각에도 영향을 미친다는 것을 보여주는 결과다.

긍정적인 사고나 표현이 생각만큼 잘되지 않더라도 최소한 부정적인 언어는 쓰지 않도록 노력해야 한다. "난 못해", "나 같은 게 뭐라고" 하는 자학적인 말 대신 되도록 긍정적인 표현, 긍정적인 사고로 바꾸자. 낙관적인 사람은 매사를 긍정적으로 생각하고, 그 생각은 또한 그의 인생을 긍정적으로 바꿔준다.

예를 들어 이렇게 바꿔볼 수 있다.

못해 → ~라면 할 수 있어

어려워 → 보람 있어

바빠 → 알차게 보내고 있어

피곤해 → 열심히 일했어

시끄럽다 → 활기차고 개성 있다

아주 사소해 보일 수도 있는 이런 긍정의 언어가 우리의 인생을 바꾸고 또 훨씬 더 나은 기회를 가져온다.

세계적인 동기부여가 토니 로빈스(Tony Robbins)는 '변형 어휘'라는 개념을 이야기했다. 이는 내가 어떤 단어를 쓰느냐에 따라 내 기분이 확연히 달라진다는 것이다. 예를 들어 짜증나는 상황에서 누군가는 "X 같네"라 말할 것이고, 또 누군가는 "조금 아쉽네"라 말할 것이다. 그때 "X 같네"라고 말한 사람은 진짜 기분이 그렇게 변하고, 또 "조금 아쉽네"라고 말한 사람은 진짜 아쉬운 기분에서 그친다.

이처럼 어떤 단어를 쓰고 어떤 말을 하느냐에 따라 나의 하루는 행복해지기도 불행해지기도 한다. 이 기분은 쌓이고 쌓여 1년을 그리고 인생을 결정짓는다. 그러므로 자신이 쓰는 말을 반드시 점검하자. 그리고 웬만하면 긍정적으로 말하기 위해 노력하자. 내가 쓰는 말이 곧 나를 보여준다.

06

"나 원래 이래"
라는 말

스스로의 발전을 가로막고 정체시키는 가장 치명적인 말이 바로 "나 원래 이래"다. 이 말은 상대방의 애정 어린 피드백을 한순간에 무용지물로 만들어버리며, 어떤 경우에서나 스스로에게 강력한 방패막이가 된다. 치명적 단점이 있어 상대방이 그 단점을 지적하더라도 "나 원래 그런데?" 해버리면 할 말이 없어진다.

예전에 모임에서 알게 된 친구가 있었다. 그 친구에게는 누가 봐도 굉장히 큰 단점이 있었다. 나를 비롯해 많은 사람이 그의 단점에 대해 조심스레 말을 건넸지만, 그는 항상 "나 원래 이런데?", "나 원래 이렇게 살았는데?" 하며 모두의 피드백을 원천 차단했다. 결국 그는 많은 사람에게 피해를 주고는 모임에서 퇴출되었다.

"나 원래 이래"라는 말을 쓰는 사람들의 심리는 이렇다.

"내가 너보다 우위에 있으니 너에게는 그래도 돼."

'분노조절장애'와 관련해 '분노조절잘해'라는 재미있는 말도 있다. 분노조절장애가 있다고 말하며 상대방에게 큰 피해를 주는 사람이 막상 자신이 함부로 할 수 없는 사람 앞에서는 한없이 순한 양이 된다. 인간관계는 항상 상대적이다. 그래서 "나 원래 이래"라는 말은 자신이 충분히 컨트롤할 수 있다고 생각하는 사람에게만 쓰는 말이다. 실제로 "내 성격 원래 더러우니까 건드리지 마"라고 말하는 사람은 누구에게나 '더러운 성격'을 일관되게 보여주는 게 아니라 그 말을 한 상대방에게는 충분히 괜찮겠다고 판단해서 그런 말을 하는 것이다.

"나는 원래 잘 못하니까 네가 알아서 해줘."

"나는 원래 게으르니까 네가 하라는 대로 할게."

'원래'라는 말은 없다. 원래 못하는 게 어디 있고 원래 잘하는 게 어디 있겠는가. 노력 여하에 따라서 달라질 수 있는 부분이다.

원래라는 말은 스스로의 가능성을 제한하며, 또한 나에

대한 상대방의 호감도를 한순간에 떨어뜨릴 수 있는 마법의 단어다.

따라서 어떤 상황에서든 "나 원래 이래"라는 말은 쓰지 않도록 노력하자. 그리고 주변에 그렇게 말하는 사람이 있다면 반드시 거리를 두자. 당신을 위해 바뀔 의지가 없는 사람이라는 방증이니까.

07

절대 쓰지 말아야 할 두 가지 언어

인간관계에서 절대 쓰지 말아야 할 두 가지 언어가 있다. 극단적 언어와 당위적 언어다. 극단적 언어는 '항상, 늘, 언제나, 맨날' 같은 표현이고 당위적 언어는 '다시 한번, 절대, 반드시, 꼭, 확실히' 같은 표현이다.

극단적 언어

극단적 언어의 예를 들어보자.

부모와 자식 관계에서 갈등이 생길 때 부모는 자식에게

이렇게 말한다.

"넌 왜 하라는 공부는 안 하고 맨날 게임만 하니?"

이럴 때 자식은 '맨날'이라는 단어에 굉장히 민감하게 반응한다. 그래서 문제의 해결책을 찾기보다는 감정적으로 대응하게 된다. 단지 극단적 언어를 사용했다는 이유로 문제가 더 커질 수 있다는 것을 보여주는 예다.

연애를 할 때도 마찬가지다. 연인 사이에 싸움이 벌어지는 대부분의 경우는 이 극단적 언어를 사용했을 때다. "자기는 언제나 그렇더라", "넌 항상 그런 식이야" 같은 말은 상대방의 자존감을 깎아내리며 그들이 살아온 과정 자체를 부정한다. 그런 말을 들은 사람은 분명 '내가 항상 그러지는 않았는데, 왜 저렇게 묶어서 말하는 거지?', '왜 굳이 저렇게 감정적으로 말하면서 나한테 상처를 주는 거지?' 하며 엄청난 반감을 가지게 된다.

그렇기 때문에 말을 할 때 반드시 조심해야 할 점은 과거와 현재를 한 번에 묶어 판단하지 말아야 한다는 것이다. 이를 해결하는 방법은 현재 느껴지는 감정을 그대로 표현하는 것이다.

"지금은 민창이가 공부하기로 엄마와 약속한 시간인데, 공부를 하지 않고 게임을 하면 엄마는 속상해."

"민창이가 게임을 할 때 행복한 모습을 보면 엄마는 참 기분이 좋아. 그런데 지금은 시험 기간이고, 이때만은 민창이가 공부에 좀 더 많은 시간을 투자하는 게 어떨까?"

이런 식으로 자신의 감정을 솔직히 표현하되, 상대방이 내 소원을 이루어줄 수 있는 가치 있는 존재라는 것을 느끼게 해줘야 한다. 사람은 누구나 자신의 존재 가치를 인정해주고 존중해주는 사람에게 고마워하고, 그 기대치를 충족시키기 위해 노력하기 때문이다.

당위적 언어

당위적 언어는 상대방에게 강제성을 느끼게 하고 반발심도 갖게 만든다. 예를 들면 이런 식이다.

"내가 다시 한번 말하는데, 그거 절대 하지 말라고 했어."

"내가 딱 한 번만 더 말한다. 반드시 지켜."

이렇게 자신의 말과 행동이 진리인 양 상대방에게 강요하고, 그것을 지키지 않았을 때는 '절대'나 '반드시'라는 단어로 상대방을 압박하고 옭아맨다. 상대방은 그것을 듣는 순간 자신이 '을'이 된 것 같은 느낌을 받는다.

강압적인 명령을 좋아할 사람은 없다. 강압적으로 말하면 상대방은 감정적으로 반응한다.

"하면 어쩔 건데?"

"네가 그렇게 말한다고 내가 그걸 안 해야 돼?"

그래서 자칫하면 정말 큰 싸움으로 번지게 되는데, 당위적 언어의 문제점을 해결하기 위해서는 말을 훨씬 부드럽게 해야 한다.

"네가 그런 행동이나 말을 할 때 나는 불편한 감정을 느껴. 이 부분에 대해 어떻게 생각해?"

"우리가 계속 좋은 관계를 유지하려면 그 부분에 대한 개선이 필요할 것 같은데 넌 어떻게 생각해?"

이런 식으로 명령문을 권유나 의문문으로 바꾸고 주도권을 넘겨주면 상대방은 이 말을 듣고 자신을 한 번 더 돌아보고 생각하게 된다. 단어 하나만 바꿔도 대화의 분위기가 180도 달라지고, 나에 대한 상대방의 태도가 완전히 변하는 것이다.

지금 내가 쓰는 단어를 하나하나 점검해보자. 나도 모르게 습관적으로 상대방에게 내 의견을 강요하는 강압적 단어를 쓰지는 않았는지, 나도 모르게 습관적으로 상대를 평가하고 재단하지는 않았는지 생각해볼 필요가 있다. 단어를 바꾸면 말투가 바뀌고, 말투가 바뀌면 관계가 바뀌고, 관계가 바뀌면 운명이 바뀐다. 그리고 운명이 바뀌면 인생이 바뀐다.

08

사람의 마음을 얻는 최고의 한마디

'천재이승국'이라는 구독자 35만의 유튜버가 있다. 그는 영화를 리뷰하는 리뷰어기도 하고, 배우들이나 셀럽들을 인터뷰하는 인터뷰어이기도 하다. 그는 인터뷰를 정말 잘하기로 유명한데, 그 능력을 인정받아 최고의 할리우드 배우 '더락' 드웨인 존슨(Dwayne Johnson)을 인터뷰할 기회를 얻는다. 이 인터뷰 영상은 조회수가 무려 740만 회로, '천재이승국' 채널에서 압도적인 조회수를 기록한 레전드 영상으로 남아 있다.

나는 이 영상을 보고 말을 통해 누군가의 마음을 얻는 가장 좋은 방법을 이승국이 다 보여주고 있다는 생각이 들었다. 이승국은 영상에서 드웨인 존슨의 마음을 얻는 방법으로 다음 두 가지를 사용했다.

상대방을 진심으로 존중하며 띄워주기

이승국은 처음에 드웨인 존슨을 보자마자 이렇게 말한다.

"당신은 문자 그대로 언제나 내게 슈퍼히어로입니다. 지금 제가 여기 있는 게 정말 큰 영광이고, 혹시 제가 인터뷰 중에 감정적으로 변하더라도 이해해주세요."

그러고는 "손이 떨리는 게 보이시냐"고 말하며 웃었다. 실제로 그는 드웨인 존슨을 보고 좋아서 어쩔 줄 몰라 했고, 그 마음을 드웨인 존슨에게 완벽히 전달했다. 그때 놀라운 일이 벌어졌다. 이승국의 진심을 느낀 드웨인 존슨이 감동을 받았는지 자신의 매니저에게 그날의 인터뷰를 영상으로 남겨달라고 한 것이다.

이처럼 상대방의 마음을 얻는 가장 좋은 방법 중 하나는 상대방을 진심으로 존경하고 또 존중하며 그 사람을 띄워주는 태도다.

"나는 당신을 진심으로 존경하고 있습니다. 당신의 이러이러한 점이 정말 대단하고 배울 점이라고 생각합니다."

이렇게 말하고 대단한 점을 구체적으로 언급한 뒤 상대방을 띄워준다면 상대방이 당신을 좋아할 수밖에 없다.

관심이 있다는 것을 지혜롭게 표현하기

인터뷰어(Interviewer)의 가장 중요한 능력은 인터뷰이(Interviewee)의 진심을 이끌어내는 것이다. 인터뷰이에 대한 철저한 사전조사를 토대로 뻔한 질문이 아니라 인터뷰이가 참신하다고 느낄 만한 질문을 하면 인터뷰가 훨씬 다채로워진다.

이승국은 드웨인 존슨과의 인터뷰에서 첫 번째 질문을 이런 식으로 구성한다.

"우선 영화 <분노의 질주> 일부가 하와이에서 촬영됐고, 드웨인 당신도 어린 시절 하와이에서 산 적이 있어요. 뿐만 아니라 며칠 전에는 하와이에서 열린 시위에도 참여하셨죠. 그리고 사모아의 문화가 당신에게는 큰 의미예요. 그 문화가 영화에 등장했단 말이죠. 그래서 바로 지금, 여기에 있는 게 얼마나 자랑스러운가요?”

이승국의 질문에 드웨인 존슨은 정말 감동한 표정을 지으며 답한다.

“와, 정말 좋은 질문이에요. 질문을 그렇게 구성하며 다른 정보들도 언급해줘서 고마워요.”

그는 이승국이 자신에 대해 구체적인 정보를 언급하는 것을 보고 말로만 팬이 아니라 정말 자신에게 관심이 많다는 것을 가슴으로 느꼈을 것이다. 이후 인터뷰는 정말 순조롭게 흘러갔고, 드웨인 존슨도 더 잘 대답해주려고 신경 쓰는 게 보였다. 드웨인 존슨은 인터뷰가 끝난 뒤 이승국에 대한 칭찬을 아끼지 않았다.

사람에게 감동하는 순간은 그 사람이 내가 스쳐지나가듯 말했던 사소한 것들을 기억해줄 때, 불편해 보인 행동들을 마음에 담아두고 티 나지 않게 배려해줄 때다. 그런 행동을 통해 서로의 마음이 통하는 게 느껴지고, 나도 상대방에게 마음을 기꺼이 내보이게 된다.

이 영상에서 나는 이승국이라는 사람에게 큰 호감을 느꼈다. 누군가가 말로만 좋아한다고 하는 것보다 이승국처럼 행동으로 호감을 보여준다면 자연스레 나도 그에게 호감이 갈 수밖에 없다.

그런데 많은 사람들은 최소한의 노력도 하지 않고 상대방의 마음을 얻으려 한다. 그 사람에 대한 정보들을 파악하는 데 시간이 걸리기도 하고 또 귀찮을 수도 있지만, 사실 길게 볼 때는 이 방법이 가장 효율적이고 빠르다.

이승국이 인터뷰에서 보여줬던 두 가지 대화 방식은 최소한의 노력으로 상대방의 마음을 얻는 가장 좋은 방법이다.

09

대화 트라우마를 극복하는 방법 3단계

대화를 하다 보면 트라우마(Trauma)가 있는 사람들을 발견한다. 트라우마가 있는 이유는 다양하다. 자신의 잘못된 언행으로 누군가가 크게 피해를 보거나 상처받는 것을 목격했거나, 그냥 평범하게 말을 했는데도 누군가가 자신의 말버릇이나 말습관을 꼬투리 잡아 지속적으로 스트레스를 줬다거나 하는 경우다.

이렇게 대화 트라우마는 한순간에 생기는 것이 아니라 어떤 상황이 쌓이고 쌓여 자신감이 떨어지고 스스로에게 확신을 갖지 못해 누군가와 대화하는 데 두려움을 느끼는 것을 말한다. 그렇다면 대화 트라우마를 극복할 수 있는 방법은 무엇일까? 하버드의과대학교 정신의학과 주디스 허먼(Judith Herman) 교수의 트라우마 극복 방법 3단계를 통해 대화 트라우마를 극복하는 법을 알아보자.

1단계

첫 번째 단계는 스스로에게 안전한 환경을 제공해 안정감을 느끼게 하는 것이다.

내 경우를 예로 들면, 나는 예전에 내향적인 성향이면서도 억지로 사람들을 만나고 사람들을 통해 트라우마를 잊고 회피하려 했다. 원치 않으면서도 사람들을 만나 억지로 대화를 하려 노력했다. 많은 사람을 계속 만나다 보면 나의 트라우마가 나아지리라 생각하며 그렇게 시간을 보냈다.

하지만 그것은 정작 나 자신은 돌아보지 않은 채 어떻게든 극복되리라 생각하며 외부 환경에 나를 내팽개치는 행위였다. 그런 회피는 일시적이었고, 사람들과 함께 있지 않을 때는 스트레스가 더욱 크게 다가왔다.

이후로 나는 누군가를 만나서 억지로 대화를 시도하거나 시간을 보내려 하기보다는 혼자만의 시간을 가지고 혼자만의 환경을 만들었다. 준비되지 않은 상태에서 사람들을 만나고 그 후폭풍을 감내하기보다는 내가 충분히 준비된 상태에서 사람을 만나고 그와 온전한 시간을 보내기 위해 노력했다. 그러다 보니 훨씬 더 준비된 대화, 깊은 대화를 나눌 수 있었고 대화 트라우마도 서서히 극복해냈다.

내 경우와 마찬가지로 대화 트라우마가 있는 사람이 이를 극복하기 위해 준비되지 않은 상황에서 억지로 다른 환경에 자신을 밀어 넣으면 오히려 더 큰 후폭풍과 트라우마를 야기할 수 있다. 안전한 환경과 스스로를 돌아볼 수 있는 시간을 먼저 갖고 나를 우선시하는 연습이 필요하다. 자주 가는 카페나 집 등 익숙한 장소에서 스스로에게 안정감을 주거나 그 장소에서 사람들을 만나는 것도 좋은 방법이다.

2단계

두 번째 단계는 트라우마가 된 사건을 기억하고 자신이 경험한 상실을 슬퍼하는 기회를 마련하는 것이다. 사실 이 과정이 가장 힘들 수 있다. 깊이 침잠해 있던 아픈 기억을 구태여 꺼내서 스스로를 더 힘들게 한다고 생각할 수도 있기 때문이다. 하지만 이 과정이 없으면 트라우마가 계속해서 괴롭힐 것이다.

주디스 교수는 여기서 '이야기하기'의 중요성을 말한다. 즉, 자신이 겪은 트라우마를 이야기로 엮어서 말하는 것이다. 믿을 만한 지인에게 이야기한다거나 내가 겪은 일을 비공개 일기장에 올린다거나 하는 활동을 계속하면 좋다. 내가 왜 대화 트라우마가 있고, 또 트라우마는 어떻게 생겨났는지 그리고 그 트라우마로 인해 나는 어떤 것이 힘들었고, 또 어떤 걸 극복하기 위해 노력하고 있는지…….

이때 중요한 점이 있다. 이야기하고 적어볼 때 단순히 그 감정을 말하고 적을 뿐만 아니라 그 감정을 들여다보고 충분히 그 감정을 느껴봐야 한다. 그런 다음 어떻게 대처하면 좋을지에 대한 방법까지 이야기하거나 적어보는 것이다.

3단계

세 번째 단계는 세상과 연결되는 것이다. 비공개 일기장에, 친한 지인에게만 공유했던 나의 트라우마를 나와 같거나 비슷한 트라우마를 겪고 있는 사람들과 공유하고 그들에게 힘을 주는 과정이다.

나 역시 내가 가진 트라우마, 부끄럽다고 생각했던 점들을 혼자만 간직했던 적이 있다. 놀림거리가 될 거라고 생각했고 두려웠기 때문이다. 하지만 내가 솔직하게 내 이야기를 글로 쓰고 책으로 발간하자 사람들의 반응은 예상 밖이었다.

"솔직하게 써주셔서 많이 공감이 갔습니다. 저도 사실 부모님과 사이가 좋지 않아요."

"늘 행복한 모습만 보여야 한다고 생각했는데, 작가님의 글을 읽어보니 그렇지만은 않다는 걸 알겠네요. 감사합니다."

상상했던 것과는 달리 사람들의 반응은 무척 좋았고, 나도 그런 따뜻한 사람들 덕분에 트라우마를 극복할 수 있었다.

이와 같이 트라우마는 꽁꽁 숨기고 내 안에서 튀어나오지 못하게 막아둔다고 해결되는 것이 아니라 현실을 직시하고 그 문제를 스스럼없이 공유함으로써 극복하는 것이다. 댐에 물을 가둬둔다고 해서 물이 없는 것은 아니다.

수문이 열리면 언제든 터질 수 있다. 그러므로 자신의 대화 트라우마를 현명하게 인지하고, 다양한 극복법을 통해 더 나은 방식으로 발전시키길 바란다.

"친절한 말들은 짧고 말하기 쉽지만,

그 울림은 진정으로 끝이 없다."

_ 마더 테레사(Mother Teresa of Calcutta, 수녀)

Chapter
05

원하는 것을 얻어내는 말하기 기술

01

명령하는 말투와 부탁하는 말투의 차이

나는 오랜 기간 직업군인으로 있었던 까닭에 명령하는 말투가 몸에 배어 있었다. 그러다 보니 사랑하는 여자 친구에게도 그런 말투를 자연스레 써서 본의 아니게 상처를 주었고, 친한 친구들에게도 그런 말투로 불쾌감을 주기도 했다. 이를테면 연애를 하면서 다툴 때는 "그거 하지 말라고 했지", "하지 말라면 좀 하지 마" 하는 식으로 단호한 화법을 사용했다. 또 식사를 할 때도 수저통이 여자 친구 쪽 가까이에 있으면 "수저 좀 줘봐" 하고 명령조 말투를 계속 해서 사용했다.

여자 친구에게는 그나마 양반이었고, 친구들을 만날 때

는 명령조 말투가 훨씬 더 심해졌다. "야, 갖고 와봐", "그거 해. 하라니까?" 식의 명령조 말투를 사용했으니 친구들도 당연히 기분이 나빴을 것이다. 하지만 나는 그런 상황을 전혀 모르고 있었다.

그러던 어느 날, 나는 뒤통수를 한 대 얻어맞은 것 같은 충격을 받았다. 한 친구가 내게 진심으로 조언을 해주었던 것이다.

"민창아, 음……. 너 술자리에서 되게 강압적으로 변하는 거 알아?"

나는 자연스레 되물었다.

"응? 어떤 거?"

친구는 차분하게 말해주었다.

"술만 마시면 술잔을 쾅 내려놓는다거나 사람들에게 삿대질을 해. 말투도 굉장히 명령조로 변하고. 네가 인지할 필요가 있을 것 같아 말하는 거야."

친구의 말에 나는 나의 행동과 말투를 돌아보았다. 대부분의 사람들은 자기 객관화를 하기가 어렵다. 그렇기 때문에 이런 조언이나 피드백을 해주는 사람들이 반드시 필요한 것이다. 친구의 조언으로 돌아본 나는 '확실히' 강압적인 사람이었다. 내 기준에서는 부탁이었지만 상대방은 그것을 부탁이 아니라 명령으로 느꼈을 것이라는 생각이 들었다.

그 이후 말투를 바꾸기 시작했다. "부탁드릴게요", "그럴 수 있을까요?" 식으로 변형시키기 시작한 것이다. 말투를 바꾸는 일이 어려울 줄 알았는데 노력하다 보니 의외로 금방 적응이 되었다. 그 이후 내가 생전 못 들어보던 "다정하다", "배려심 깊다", "존중받는 느낌이 든다"는 긍정적 피드백을 많이 들을 수 있게 됐다.

여기서 핵심은 상대방에게 선택할 수 있다는 느낌을 주는 것이다. 명령조 말투의 경우 상대방의 의사는 중요하지 않다. 주도권이 철저히 나에게 있기 때문이다. 그렇기 때문에 상대방은 그 말을 들으면 자신이 존중받지 못한다고 느낀다. 하지만 부탁형 말투의 경우 주도권이 나뿐 아니라 상대방에게도 있다. 상대방은 내 부탁을 듣고 들어줄지 안 들어줄지 선택할 수 있다.

예전에 다니던 회사의 상사가 그런 식으로 부탁을 했던 기억이 난다.

"민창 님, 이거 혹시 해주실 수 있을까요? 민창 님이 해주신다면 정말 고마울 것 같아요."

당연히 해야 하는 일이지만 이런 말을 들으면 상사를 존경하는 마음이 생기고 상사가 시키는 일은 더욱더 완벽하게 해야겠다는 생각이 들었다. 말투 하나로 상대방의 마음을 얻을 수 있다는 것을 보여주는 좋은 사례다.

이렇게 부탁하는 말투를 쓸 뿐 아니라 상대방에게 선택권을 준 뒤 내 부탁을 들어주었을 때 느끼는 고마움을 한 번 더 언급해주면 훨씬 더 좋다. 예를 들어 이런 식으로 상대방을 존중하는 말투를 쓰는 것이다.

"성철 님, 이거 조금 급한 일인데 혹시 오늘 오후 5시까지 처리 가능하실까요? 성철 님이 처리해주시면 제가 너무 감사할 것 같아요."

"자기야, 우리 1주년에 내가 이런저런 계획을 짤 테니, 혹시 괜찮으면 자기가 숙소 좀 알아봐줄 수 있을까? 자기가 그렇게 해주면 고마울 것 같아."

그러면 상대방도 훨씬 부담이 덜할 것이고, 그렇게 말해준 당신에게 존경심을 가질 것이다.

한편, 이런 말투가 너무 가식적으로 느껴져 그냥 대놓고 말하는 게 낫다고 생각하는 사람도 있을 수 있다. 하지만 대놓고 "이거 하세요"라는 말투와 앞에서처럼 조금 길게 늘어지더라도 자신을 존중해주는 듯한 느낌이 드는 말투를 들었을 때의 상황을 상상해보자. 어떤 말투가 더 기분 좋고 부담이 덜하겠는가.

명령하는 말투보다는 부탁하는 말투를 사용하고, 더 나아가 그 부탁을 들어줬을 때 자신이 느끼는 고마운 감정까지 상대방에게 전달해보자. 단언컨대 훨씬 만족스러운 결과를 얻을 것이고, 또한 인간관계를 더욱더 원만히 발전시켜나갈 수 있을 것이다.

부드러움이 뾰족함보다 강하다.

02

대화를 이어가야 할 때와 끊어야 할 때

예전에 독서모임을 운영하며 많은 사람을 만났다. 책을 좋아하고 사랑하는 사람들이어서 매우 다양한 의견이 오갔고, 또 많은 것을 배울 수 있었다. 독서모임의 리더였던 나는 사람들의 발언권을 어느 정도 컨트롤해야만 했다. 예를 들어 인원이 8명이고 모임이 2시간 반쯤 진행될 경우 나는 1인당 발언권을 15분 정도로 제한할 수밖에 없었다. 그래야 모든 인원이 공평하게 말을 할 수 있기 때문이다.

하지만 모임의 특성상 말을 잘하는 사람이 있고, 말을 잘 못하는 사람도 있으며, 말을 안 하는 사람도 있고, 말이 너무 많은 사람도 있다. 발언을 한 지 15분이 넘어 정리해달라고 부탁하면 왜 말을 중간에 끊느냐며 화를 내는 사람도 있었고, 의견을 좀 더 말해달라고 부탁해도 입을 꾹 닫는 사람도 있었다.

모임에서 유독 말을 깔끔하게 잘하고 말을 이어갈 때와 끊어야 할 때를 정말 잘 안다고 느껴진 사람들은 크게 두 가지 특징을 보여주었다.

상대방을 배려한다

말을 정말 깔끔하게 하는 사람들은 자신의 발언권을 우선으로 생각지 않고 상대방의 발언권까지 고려한다. 내 발언 시간만큼 상대방의 발언 시간도 소중히 여기는 것이다. 지금 이 자리에 몇 명이 있고, 시간은 어느 정도 주어졌으며, 나의 최대 할당 시간이 얼마인지까지 파악한다. 그리고 정해진 시간 내에 대화를 끝내기 위해 핵심만 요약해서 말한다. 그렇기 때문에 주어진 시간을 고려하지 않고 자기가 하고 싶은 말을 다 하는 사람들보다 말을 훨씬 조리 있고 능숙하게 한다.

핵심을 먼저 말한다

먼저 핵심을 말해서 청중을 집중시킨 다음, 그 핵심에 대해 자신이 왜 그렇게 생각하는지를 정확히 말한다. 예를 들면 이런 식이다.

"저는 자존감이 높지 않아도 된다는 점이 이 책의 핵심이라고 생각합니다. 그 이유는 자존감이 높아야 한다는 강박관념 때문에 우리가 오히려 자존감을 잃어간다고 생각하기 때문입니다."

그런데 핵심을 처음부터 말하지 않는 사람들은 이런 식으로 말을 이어간다.

"어, 저는 책에서 좋았던 점이 굉장히 많은데요. 음… 우선 뭐, 자존감 부분도 굉장히 좋았고요. 많이 배울 수 있었습니다. 그리고 또, 음… 사랑에 대한 부분도 굉장히 좋았어요. 좋은 부분이 정말 많았습니다."

이런 말은 듣는 사람을 지치게 한다. '그래서 핵심이 뭐야?', '당신이 느낀 가장 큰 가치가 뭐라는 거야?' 하는 의문이 생기게 하기 때문이다.

이 두 가지 특징을 아는데도 말을 이어가고 끊어야 할 때의 타이밍을 정확히 잘 모르겠다면 딱 한 가지만 기억하기를 바란다. 7:3의 법칙이다. 즉, 타이밍을 잘 모른다면 무조건 더 경청하고 무조건 덜 말하면 된다. 7을 듣고 3을 말하는 것이다. 자신의 말을 잘 들어주는 사람을 싫어하는 사람은 거의 없다. 세상의 많은 현자와 성인이 “경청이 가장 좋은 말습관이다”라고 하는 것도 이와 일맥상통한다.

말을 많이 하면 할수록 적이 생기고, 또 말을 많이 하면 할수록 실수가 생긴다. 이어가고 끊을 때를 잘 모르면서 무조건 말을 많이 하게 되면 필연적으로 적이 생기고 문제가 생길 수밖에 없다. 그러므로 많이 듣고, 또 그 과정에서 배울 수 있는 사람에게는 배우고, 배울 만한 게 없는 사람이라면 ‘아, 저런 식으로 대화를 하면 안 되겠구나. 끊을 땐 끊어야겠구나’ 하는 점을 습득할 필요가 있다. 무엇이든 ‘적당히’가 가장 좋고, 이것은 말에도 그대로 적용된다.

03

소통이 안 될 때는 나를 의심하라

소통의 부재로 자신의 이미지를 깎아 먹고 몇 남지 않은 사람들마저 떠나가게 하는 사람이 있다. 소통이 잘 안 되면 다양한 분야에서 여러 가지 일이 벌어진다. 인간관계가 망가지기도 하고, 커리어가 엉망이 되고, 개인 사업이 망하기도 한다. 그만큼 소통은 굉장히 중요하다.

예를 한번 들어보겠다. 같은 사업을 하는 A와 B가 있다. A와 B의 시작점은 같다. 같은 능력, 같은 조건이었다. 이렇게 처음에는 같았지만 1년이 지나고, 2년이 지나자 A는 망했고, B는 사업을 훨씬 더 확장했다. 이들의 결정적 차이는 무엇이었을까?

사업 초기에 A는 업계에서 꽤나 유명했다. 실력이 좋아 고객들이 많이 찾았고, 매출도 꾸준히 늘고 있었다. 그런데 몇 달이 지나자 고객들이 줄어들기 시작했다. 가장 결정적인 이유는 A가 자신의 실력을 과신하고 고객들과 소통하지 않았다는 점이다. 고객들이 A에게 요구사항을 말하면 "그건 제 분야니까 제가 알아서 할게요"라고 했고, 아쉬운 점을 이야기하면 "그래서 제가 실력이 없다는 건가요?" 하고 감정적으로 반응했다.

성과는 그럭저럭 괜찮았지만 소통이 어려웠기 때문에 고객들은 불만을 가졌고, 그 결과는 참담했다. 고객들이 재계약을 하지 않는 데다 업계에서 A에 대해 좋지 않은 소문이 이리저리 퍼진 것이다.

하지만 A는 자신의 소통 방식에서 문제를 찾는 게 아니라 고객들을 탓하기 바빴다. 자신의 실력을 알아주지 않는다며, 더 이상 뭘 어떻게 해야 하느냐고 불평했다. 결국 A는 사업을 접을 수밖에 없었다.

그런데 B는 달랐다. 그는 고객들의 요청에 일일이 친절하게 답했다.

"그런 점에서 아쉬움이 있으셨군요. 좋은 의견 감사합니다. 이런 부분은 이렇게 처리를 하면 이런 결과가 나옵니다. 그래서 저는 이런 식으로 처리를 했던 거고요. 충분히 그렇게 느끼실 수도 있지만, 성과는 잘 나오고 있으니 너무 걱정하지 않으셔도 됩니다. 감사합니다."

또 누가 아쉬운 점을 이야기하면 이렇게 대응했다.

"아, 충분히 공감합니다. 그 부분이 구체적으로 어떤 면에서 아쉬우셨는지 말씀해주실 수 있을까요?"

B는 고객들과 일일이 소통하면서 의견을 최대한 반영했고, 그의 진심 어린 피드백에 감동한 고객들은 주변에 그를 많이 소개했다. 그래서 B는 사업 2년 차에 큰 성공을 거두었다.

이 간단한 예에서 느낄 수 있는 것은 무엇일까?

어떤 일을 할 때 실력은 기본이다. 실력은 없는데 단순히 예의 바르고 착하다면 그것은 그저 '착한 사람' 그 이상도 이하도 아니다. 하지만 어떤 일을 하는 데는 실력만 있으면 된다고 생각하는 것도 굉장한 오만이다. 우리가 하는 대다수의 일은 커뮤니케이션이 필수적이고, 거기에서의 사소한 태도를 보고 사람들은 이 사람과 함께해야 할지 아닐지를 한순간에 결정한다.

주변에서 소통 방식에 대한 피드백을 많이 해줄 때 "나와 맞는 사람들하고만 소통하면 되지, 뭐" 하는 안일한 태도는 곤란하다. 나의 어떤 점이 문제이고, 그 문제를 고치려면 어떤 부분을 개선해야 하는지를 한번 돌이켜볼 필요가 있다.

04

말 한마디로 그 사람의 내공을 알아채는 방법

TV를 보는데 <놀면 뭐하니?>라는 프로그램에서 넷플릭스 드라마 <오징어 게임>으로 핫한 오영수 배우를 인터뷰하고 있었다. <오징어 게임>에서 참 인상 깊은 캐릭터로 나온 분이라 몰입해서 인터뷰를 보게 됐다.

인터뷰를 하던 유재석이 이렇게 물었다.

"요즘 어떻게 살아야 잘 사는 걸까 하는 부분에 대해 많은 분들이 고민하고 있는데, 그분들에게 한마디 해주신다면요?"

이 질문에 오영수 배우가 특유의 나긋나긋한 톤으로 대답한 내용이 내 마음에 크게 와 닿았다.

"우리 사회가 1등 아니면 안 될 것처럼 흘러갈 때가 있어요. 그런데 2등은 1등에게는 졌지만 3등에게는 이겼잖아요. 3등도 마찬가지겠죠. 결국 모두가 승자예요. 제가 생각하는 진정한 승자는 그런 사람이에요. 하고 싶은 일에 최선을 다해 어떤 경지에 이르려고 하는 사람, 그런 사람이 승자고 그렇게 살면 좋겠어요."

이 말의 핵심은 아마도 "무엇을 하든 괜찮다. 마음 가는 대로 하고 최선을 다해라"가 아닐까 싶다. 하지만 오영수 배우는 그 핵심을 자신만의 방식으로 굉장히 유려하게 표현했다.

말의 핵심을 어떻게 전하느냐에 따라 그 사람의 내공이 보인다. 오영수 배우의 깊은 내공과 진정성에 유재석과 함께 프로그램을 진행하던 이미주는 눈물까지 흘렸다. 오영수 배우는 인터뷰를 이렇게 아름다운 이야기로 마무리했다.

"제가 우리말 중에 가장 좋아하는 말이 아름다움이란 말이에요. 아름다운 세상, 아름다운 사람, 아름다운 사회……. 이 자리에 와서 아름다운 공간에서 아름다운 두 분을 만나고 아름다운 시간을 보냈습니다. 여러분도 아름다운 삶을 사시기를 바랍니다."

방송을 보고 한동안 멍하니 앉아 있었다. 너무나도 깊고, 또 진정성 있는 한마디 한마디가 내게도 크게 다가왔기 때문이다.

이처럼 말 한마디로 그 사람의 내공을 충분히 느낄 수 있다. 어떤 사람들은 상대방을 배려하지 않고 자기가 할 말만 한다. 그들은 시간이 없다는 핑계로, 자신은 뒷말하지 않고 앞에서 얘기한다는 이유로 상대방을 배려하지 않고 무심한 말투, 무례한 말투로 상대방의 마음에 생채기를 낸다. 하지만 그런 말투 하나가 자신의 이미지를 한순간에 결정한다는 것을 그들은 알지 못한다.

말에서 내공이 느껴지는 사람들은 크게 다음 세 가지 특징을 보인다.

절대 조급하지 않다

나는 강의를 굉장히 많이 들으러 다녔는데, 강의에 집중하게 하는 힘을 가진 강연자들은 절대 조급하지 않다는 공통점이 있었다. 예를 들어 누군가가 강연자에게 질문을 하면 그 질문에 대해 반드시 3초 정도는 생각하는 모습을 보여주었다. 그러면 나 또한 어느새 강연자에게 집중하고 있었다.

질문을 받으면 얼른 대답을 하거나 최대한 빨리 문제를 해결해줘야 한다고 생각하는 사람들이 있다. 하지만 어느 정도의 침묵은 상대방을 나에게 집중하게 하고, 그 집중으로 인해 내가 다음에 할 말을 기대하게 하며, 나의 다음 말에 무게가 실리게 된다. 질문을 받았을 때 곧바로 대답하는 것보다 상대방의 질문을 곰곰이 생각하고 답변하는 방식은 그 사람의 격을 높인다.

질문을 한 번 되묻는다

코칭 기법 중에 '복사기 화법'이라는 기법이 있다. 상대방이 내게 한 질문이나 말을 한 번 더 정리해서 되물음으로써 상대방에게 '이 사람이 내 말을 경청했구나' 하는 좋은 인상을 주는 것이다.

예를 들어 누군가가 "나 오늘 맛있는 것도 먹고 영화도 봐서 기분이 좋았어" 하고 말하면, "맛있는 것도 먹고 영화도 봐서 기분 좋았다는 거지?" 하는 식으로 되묻는 것이다.

또한 "이게 어떻게 이렇게 되는지 궁금한데 얘기해주실 수 있나요?" 하고 질문을 하면, "이게 이렇게 되는 과정이 궁금하다는 말씀이죠?" 하고 상대방의 질문을 부드럽게 한 번 더 정리해주는 것이다.

언뜻 보면 별 볼일 없는 것 같지만, 이 과정은 대화를 할 때 매우 중요하다. 상대방에게 존중받고 있다는 느낌을 줄 수 있고, 나도 한 번 더 정리하며 상대의 질문이나 의도를 좀 더 정확히 파악할 수 있기 때문이다.

예시를 잘 든다

마케팅 용어를 잘 모르는 사람들에게 알아듣지도 못하는 마케팅 용어를 사용해 이야기하는 것은 소외감과 불안감을 느끼게 하는 일이다. 하지만 말에 내공이 있는 사람들은 상대방에 대한 배려가 몸에 배어 있어 누가 들어도 잘 알 수 있게 쉬운 예시를 들어 이야기해준다.

이를테면 이런 식으로 쉽게 예를 들어 말한다.

"마케팅은 연애와 같아. 알면서도 잘 모르고, 천천히 서로를 알아가야 하기 때문이지."

이처럼 상대방이 이해하기 쉽게 말하고 말투에 배려가 담겨 있는 사람들과 대화하다 보면 나도 기분이 좋고 절로 대우받는 느낌이 든다. 배려하는 말투, 존중의 말투, 긍정의 말투를 사용하자. 어떤 말투를 쓰느냐에 따라 그 사람의 인격과 내공이 결정된다.

05

상대방에 대한 아쉬움을 센스 있게 표현하라

캘빈 쿨리지(Calvin Coolidge)는 미국의 30대 대통령이다. 그는 따뜻하고 센스 있는 말투로 많은 사람에게 존경을 받았다. 그는 직원이 문서 작성을 할 때 자주 실수를 하자 이런 식으로 말했다고 한다.

"오늘 옷이 정말 잘 어울리시는데요? 아름다워요."

대통령의 갑작스러운 칭찬에 직원은 아무 말 하지 못했다. 그런데 쿨리지는 이렇게 덧붙였다.

"제가 느닷없이 칭찬을 해서 당황하셨나요? 그러다 문서의 마침표를 놓칠 수도 있겠네요. 열심히 해주시면 감사하겠습니다."

캘빈 쿨리지의 센스 있는 말에 직원은 자신의 실수를 자연스레 깨닫고 기분 좋게 수정할 수 있었다.

말 한마디에 사람의 기분이 좌우된다. 칭찬하고 북돋아 주는 말투는 그 사람의 자존감을 높이지만, 엄격하고 지적하는 말투는 상대방의 자존감을 낮추고 자신감을 떨어뜨리기도 한다. 캘빈 쿨리지처럼 센스 있게 상대방에 대한 아쉬움을 표현하는 방법은 '칭찬-아쉬움' 구조다. 이 구조로 상대방에게 아쉬움을 표현했을 때 싫어하는 사람은 별로 없을 것이다.

나는 직장 팀원들에게 피드백을 줄 때 보통 이런 식으로 말한다.

"아주 잘하셨어요. 100점인 것 같아요. 그런데 120점 되는 방법도 있을 것 같은데, 한번 들어보실래요?"

"이 부분이 참 좋네요. 정말 빠른 시간 내에 개선돼 놀라울 정도입니다. 이런 부분만 조금 수정하면 더 좋을 것 같은데 어떠세요?"

정말 놀랍게도 내가 이런 식으로 말을 길게 하면 팀원들이 나에게 신뢰감을 갖게 되고, 또 자신의 의견을 자신감 있게 개진하게 된다.

상대방의 마음을 얻는 방법은 생각보다 간단하다. 그 사람에게 '내가 당신을 많이 생각하고 있다'는 느낌을 주면 된다. 말이 좀 길어지더라도 최대한 칭찬을 더해 피드백을 준다면 상대방은 '나를 아껴주는구나', '소중하게 생각하는구나' 하고 느낄 것이다.

대놓고 상대방의 잘못을 지적하거나 꼬집는 데 좋아할 사람은 아무도 없다. 진심 어린 칭찬은 상대방의 마음을 활짝 열고, 부드러운 피드백은 상대방의 가슴에 자연스레 얹힌다.

칭찬-아쉬움 구조에 대해 좀 더 자세히 알아보자.

예전에 입사한 지 한 달도 안 된 직원이 5분 정도 지각한 적이 있다. 지각한 것은 그럴 수 있다 치지만, 중요한 건 출근 시간 2분 전에야 조금 늦을 것 같다는 연락을 했다는 것이다. 나는 그런 연락은 만에 하나 늦을 가능성에 대비해 적어도 30분 전에는 했어야 한다고 판단했다.

신입 직원이 지각을 했으니 사무실로 들어서는 그의 표정이 어두운 건 당연했다. 나는 그를 조심스레 불러 회의실로 갔다. 그는 당연히 '한 소리 듣겠구나' 하는 표정으로 나를 쳐다봤다.

나는 장난스럽게 말을 걸었다.

"얼마나 열심히 일하셨으면, 이렇게 늦잠을 주무셨어요?"

그러자 그는 약간 긴장이 풀렸는지 멋쩍은 미소를 지으며 말했다.

"어제 너무 늦게 자서……. 죄송합니다."

나는 말을 이어갔다.

"입사한 지 한 달도 안 된 직원이 이렇게 회사에 대한 열정을 보여주니 너무 감사해요. 열심히 하는 거 모두 다 보고 있습니다. 다만, 오늘 제가 말씀드릴 부분은 언뜻 보면 사소하다 여겨질 수 있지만 굉장히 큰 부분이라 ○○님에게 말씀드리고 싶어요. 지각은 할 수도 있다고 생각해요. 어떤 이유에서든 말이죠. 다만, 지각을 할 것 같을 때 자신이 원하는 대로 대중교통이 때맞춰 와줘서 발바닥에 불나게 뛰어가면 딱 정시에 도착하겠다고 판단하고 굳이 연락을 하지 않는 것보다는, 예측하지 못하는 상황에 대비해 연락을 주는 게 맞아요.

'팀장님, 제가 어제 잠을 좀 설쳐서 늦잠을 잤습니다. 지금 급히 준비하고 나왔는데, 어쩌면 10분쯤 늦을 수도 있을 것 같습니다. 최대한 빨리 갈게요.'

이런 식으로 먼저 말해주는 게 맞지 않을까요? 저도 그래야 ○○님을 커버할 수 있고요.”

신입 직원은 내 이야기에 수긍했다.

“맞습니다, 팀장님, 제가 오늘은 정말 할 말이 없습니다. 정신이 없어서 그 점을 간과했습니다. 다음부터는 절대 이런 일이 없게 할 거고, 혹시라도 그런 일이 생기면 반드시 팀장님께 말씀을 드릴게요.”

그렇게 피드백 아닌 피드백을 들은 그는, 그걸 바란 건 아니지만 그 이후 항상 출근 시간보다 40분 먼저 왔다. 아마도 나를 실망시키고 싶지 않았거나, 그때의 피드백이 확실히 효과가 있었던 것 같다. 이처럼 센스 있게 상대방의 실수를 말하는 방식은 큰 효과를 불러온다. 몸이 아니라 마음을 움직이는 방식이기 때문이다.

반면 강압적인 명령, 고압적인 지시는 공포를 유발하는 동시에 반발심을 일으킨다. 상대방을 존중하지 않는 듯한 느낌이 들기 때문이다. 하지만 부드러운 부탁, 센스 있는 권유는 상대방에게 안정감과 미안함을 느끼게 한다. 그래서 ‘나로 인해 저 사람이 고생했구나. 마음을 졸였구나. 앞으로는 절대 실망시키지 않아야겠다’는 마음이 절로 생기게 마련이다.

물론 부드러운 피드백을 주었는데도 계속해서 실수를 하

는 사람들에게는 그에 걸맞은 강압적 명령을 하거나 패널티를 주는 것도 필요하다. 좋게 얘기했는데도 그것을 수용하고 받아들이지 못한다면 그 사람의 그릇 문제이기 때문이다.

하지만 명심하자. 처음부터 굳이 고압적으로 상대방의 실수를 지적할 필요는 없다. 먼저 상대방을 칭찬해주고 굳어 있는 분위기를 풀어준 다음 상대방의 잘못을 부드럽게 알려주자. 그렇게 함으로써 상대방이 자연스레 그 잘못을 고칠 수 있게 해주자. 진정한 품격은 내가 사용하는 말에서 드러난다.

06

칭찬에는 칭찬으로 화답하라

어릴 때는 누가 칭찬을 하면, “아닙니다. 많이 부족합니다” 하고 답하는 게 예의라고 생각했다. 그렇게 20년을 넘게 살았다. 그런데 우연히 들은 처세술 강의에서 강사님이 했던 말씀이 기억에 남았다.

“대한민국 사람들은 칭찬을 받으면 어쩔 줄 몰라 합니다. 그리고 일단 아니라고 부정하죠. 아닙니다, 저는 많이 부족하죠, 아무것도 없는데요……. 그런데 이런 말이 과연 겸손으로 느껴질까요? 전혀 아닙니다. 생각해보세요. 누군가가 여러분을 칭찬했다는 것은 그만한 가치가 있어서예요. 물론 그 칭찬이 거짓일 수도 있지만, 적어도 칭찬을 했다는 건 여러분에게 관계의 손을 내민 거란 말이죠. 그런데 그 칭찬을 그냥 '아닙니다, 부족합니다'로 받아들이는 건 그 마음을 거절한 것과 같습니다.

그럼 그다음부터 사람들이 여러분에게 칭찬을 하고 싶을까요? 절대 아니겠죠. 그래서 우리는 칭찬을 받으면 우선 '그렇게 생각해주셔서, 그렇게 봐주셔서 진심으로 감사합니다' 하고 화답하는 게 좋습니다. 정말 아니다 싶은 게 아니면 그렇게 화답하고, 칭찬한 상대방의 장점을 다시 칭찬해주세요.

'그렇게 봐주셔서 정말 감사합니다. ○○님도 이러이러한 점이 정말 멋지시고 대단하세요. 많이 배우겠습니다.'

이런 식으로 말이죠. 명심하셨으면 좋겠습니다. 칭찬에는 거절이 아니라 화답입니다."

강사님의 말을 듣고 굉장히 많은 생각이 들었다. 내 기준에서 예의 바르다고 생각했던 행동이 상대방의 기준에서 보면 무안할 수도 있다는 것을 깨달았다. 그 이후로는 누군가에게 칭찬을 들으면 반드시 "감사합니다" 하고 답한 뒤, 상대방에게서 어떻게든 칭찬거리를 찾으려고 노력한다. 그러다 보면 사람의 좋은 면만 보게 되고, 당연히 관계도 좋아질 수밖에 없다.

독일의 위대한 문인이자 《파우스트》의 저자인 요한 볼프강 폰 괴테(Johann Wolfgang von Goethe)는 이런 말을 했다.

"타인의 장점을 발견할 줄 알아야 하며, 칭찬할 줄도 알아야 한다. 그것은 남을 자기와 동등한 인격으로 생각한다는 의미를 가지는 것이다."

이 말은 칭찬 자체의 의미가 굉장히 크다는 것을 알려준다.

2010년, 캐나다 마운트로얄대학교의 심리학과 부교수 나오미 그랜트나오미 그랜트(Naomi Grant) 박사는 한 가지 실험을 했다. 그는 연구에 참가하는 사람들에게 '인상 형성'에 대한 부분을 요청했다. 이때 참가자 중에 배우가 한 명 있었는데, 그는 모든 참가자들의 의상에 대해 가볍게 칭찬을 했다.

"셔츠가 굉장히 잘 어울리시네요."

"그 옷 되게 맞춤이네요. 완벽하게 소화하시는데요?"

그렇게 그는 참가자들과 칭찬 섞인 대화를 나누고는 자신이 현재 대학 진로에 대한 설문지를 나누어주고 있다고 말하며 참가자들에게 도움을 요청한다. 그 결과 배우에게 칭찬을 받은 참가자 가운데 무려 79퍼센트가 도움을 주겠다고 했다고 한다.

이처럼 많은 사람이 칭찬을 거래의 일부로 간주한다. 칭찬을 받으면 칭찬을 해준 사람에게 도움이 되는 행동 또는 말을 해준다는 것이다. 따라서 우리는 더더욱 누군가에게 칭찬을 받으면 고마워해야 한다. 그리고 상대방의 장점을 찾아 칭찬으로 답한다면 관계는 훨씬 더 좋은 쪽으로 발전하게 된다.

07

긍정적인 말을 하는 사람들과 많은 시간을 보내야 하는 이유

로젠탈 효과(Rosenthal Effect)는 긍정적인 기대나 관심이 사람들에게 좋은 영향을 미치는 효과를 설명하는 용어다. 이는 하버드대학교 심리학과 교수였던 로버트 로젠탈(Robert Rosenthal)이 피그말리온 효과(Pygmalion Effect)라는 심리학 용어를 교육학에 대입하면서 생겨났다. 이렇게 긍정적인 말이나 행동이 많은 사람에게 좋은 영향을 끼친다는 것은 심리학적으로도 입증된 사실이다.

되는 일도 없고 도무지 풀릴 기미가 보이지 않던 시절, 나는 습관적으로 부정적인 말을 내뱉었다. 내가 뭘 하겠어, 내 주제에 감히……. 그리고 같은 생각을 하는 사람들과 많은 시간을 보내고 어울렸다. 우리가 잘되지 않는 것은 세상 탓이라며 세상을 욕했고, 또 잘될 수 없는 변명거리를 찾았다. 이때 가장 많이 했던 것이 가정이었다. "내가 만약 ~만 했더라면" 하는 가정이 입에서 떠나지 않았고, 그 결과는 참담할 수밖에 없었다.

사람이 발전을 하려면 가정과 변명을 할 게 아니라 잘되지 못한 이유를 찾은 뒤 그것을 인정하고 다음에는 같은 실수를 범하지 않아야 한다. 하지만 부정적인 사람들과 함께 있다 보니 나는 그런 것들을 전혀 인정하지 않았다. 남들은 철저히 객관적으로 판단하면서 나 자신에게는 한없이 관대하고 주관적이었던 것이다.

그런 사람들과 많은 시간을 보내다 보니 '더 이상 이런 부정적인 사람들과 시간을 보내면 안 되겠다'는 생각이 들었다. 몇 년 동안 그런 사람들과 어울리다 보니 아무것도 해놓은 게 없었다. 모은 돈도 없었고, 그렇다고 생산적인 어떤 일을 한 것도 아니었으며, 작은 도전조차 시도하지 않았다. 항상 말로만 "이번엔 이걸 할 거야" 했을 뿐 실제로 이룬 것은 하나도 없었다.

정말 '더 이상 이렇게 살다가는 인생이 망하겠구나' 싶었다. 그래서 만나는 사람을 바꾸거나 작은 도전이라도 시도해보기로 했다. 그렇게 나는 처음으로 책을 읽었고, 책을 읽으며 자기계발 독서모임에 참여하게 됐다. 지금은 내게 독서모임이 아주 익숙한 일이지만 그 당시에는 정말 생소했고, 또 참여하기까지 많은 고민을 했다.

'유식하지 않아도 괜찮을까? 책을 한 권밖에 안 읽었는데 무시당하는 건 아닐까?'

이미 피폐해지고 자존감이 바닥을 치고 있던 터라 두려움이 앞섰다. 하지만 더 이상 미루면 안 될 것 같아 눈 딱 감고 독서모임에 신청을 했다. 지정도서를 읽고 독서모임을 하러 갔는데, 그 당시 모임의 리더가 인사를 건넸다.

"안녕하세요. 성함이 어떻게 되세요?"

"예, 저는 권민창입니다."

"아, 민창 님 잘 오셨습니다. 환영해요. 저쪽으로 가시면 됩니다."

그렇게 용기내서 참여한 독서모임의 멤버는 총 16명이었다. 우리는 4명씩 4조로 나누어 대화를 시작했다. 각자가 읽고 온 책을 나누고 그 책을 읽으며 느낀 것에 대해 자유롭게 이야기하는 형식이었다.

어느덧 독서모임에 대한 두려움이 사라지면서 '정말 잘 왔다'는 생각이 들었다. 내가 그전까지 만났던 사람들과 대화 방식이 너무 달랐다. 그들은 내가 어떤 일을 하고 싶다고 말하면 "우리가 뭘 하겠냐?", "에이, 그건 돈 많은 사람이나 하는 거지. 뜬구름 잡지 마" 하고 핀잔만 놓았다. 그런데 독서모임 멤버들은 달랐다.

"민창 님, 반드시 해내실 수 있을 거예요."

"민창 님의 의견이 많은 도움이 됐어요."

그렇게 말해주면서 내 의견을 진심으로 경청해주는 느낌이 들어 기분이 참 좋았다.

약 2시간의 모임이 끝나고 나니 좀 얼떨떨했다. 나는 내가 충분히 존중받을 수 있는 사람이며, 잠재성이 있는 사람이라는 것을 알게 되었다.

부정적인 사람들을 만나고 집으로 돌아올 때는 내내 기분이 좋지 않았다. 부정적인 말과 행동으로 스트레스를 풀다 보면 그 당시에는 잠깐 속이 후련할 수 있지만 시간이 지나면 스트레스가 훨씬 더 커진다. 하지만 긍정적인 사람들을 만나 건강한 대화를 주고받다 보면 스트레스를 어떻게 하면 건강하게 해결할 수 있을까에 초점을 맞추게 된다. 변명하며 계속 해결책에서 벗어나는 게 아니라 문제를 정확히 직시하고 해결하려 한다.

그뿐만 아니라 긍정적인 사람들과 대화를 나누다 보면

나도 몰랐던 나의 잠재성을 발견하게 된다. 예를 들어 내가 "저는 이런 걸 해보고 싶어요" 하면 긍정적인 사람들은 이렇게 반응한다.

"민창 님이라면 충분히 가능할 거예요. 그래서 그걸 하기 위해 어떤 능력을 기르실 생각이세요?"

"맞아요. 해보시면 좋을 것 같아요. 그런데 그걸 하려면 어떤 게 필요할까요? 어떤 좋은 결과가 민창 님에게 있을까요?"

이런 식으로 목표를 이루고 내가 얻을 수 있는 좋은 성취에 대해 상상하게 해준다. 물론 무조건적인 긍정이 위험할 수도 있지만, 부정과 긍정 중 하나를 고르라면 나는 단연코 '긍정'을 고를 것이다. 내가 세상과 사람들을 아름답게 보는 만큼 세상과 사람들도 나를 아름답게 봐줄 것이고, 그렇게 되면 어떤 상황과 역경도 이겨낼 힘과 에너지 그리고 기회가 생길 것이다.

예쁜 말, 긍정적인 말을 하려 노력하고, 그런 사람들을 만나 발전적인 대화를 나누자. 그런 사람들과 많은 시간을 보내면 자연스레 행복해질 것이다.

Chapter 06

한순간에 인생을 바꾸는 말투

01

자신의 가치를 깎아 먹고 사람들을 떠나게 하는 대화법

살다 보면 자신의 가치를 한순간에 깎아 먹고 사람들을 곁에서 떠나게 만드는 대화법을 쓰는 사람들이 있다. 다음은 그런 사람들이 공통적으로 보여주는 특징이다.

훈수 두는 사람

잘 알지도 못하면서 다 아는 척하며 상대방에게 훈수를 두는 사람들이 있다. 예전에 어떤 자리에서 만난 사람은 내가 이야기하고 있는데 자신의 전문 분야도 아니면서 굳이 말을 자르고 끼어들었다. 그가 용어도 잘 모르면서 화제를 이상한 곳으로 돌리며 희한한 물타기를 시전했던 게 기가 막혀 지금도 잊히지 않는다.

훈수 두는 사람은 자신이 상대방의 의표를 찌르고 역린을 건드리며 상대방을 객관화시킨다고 굳게 믿지만, 그것을 듣는 사람이나 제삼자는 '왜 저러지?' 하는 생각만 들 뿐이다. 잊지 말자. 상대방이 원치 않는 훈수는 그냥 잔소리고 기분 나쁜 말이라는 것을. 그리고 주변에 원치 않는 훈수쟁이가 있다면 반드시 멀리하자. 좋은 말만 듣기에도 짧은 인생 아닌가.

권위적인 사람

자신의 권위를 내세우거나 직급을 내세워 상대방을 압도하려는 사람들이 있다. 예를 들어 직장 상사가 자신이 직급이 높다는 이유로 상대방을 조종하고 무시하는 경우가 이에 해당한다.

"빨리 들어와."

"이거 왜 안 했어?"

"왜 그렇게 멍청해?"

"내가 하라면 해야지."

이런 식의 무조건적인 명령조는 필연적으로 반감을 살 수밖에 없다. 당연히 권위주의적인 사람 주변에는 사람이 없다. 회사에서는 어쩔 수 없이 명령에 따르겠지만, 마음속에선 단호하게 그의 존재를 지워버리는 것이다.

권위적인 사람들의 공통점은 자신의 위치가 곧 자기 자신의 역량이라고 생각한다는 것이다. 여기에서 위치는 직급뿐만 아니라 나이가 될 수도 있고 어떤 분야에 대한 지식이 될 수도 있다. 단순히 나이가 몇 살 많다는 이유로 그 사람이 어떤 삶을 살아왔고, 또 어떻게 살아가는지를 알지도 못하면서 "내가 윗사람이니까" 하고 이상한 권위를 내세운다면 어떨까? 사람들은 그에게 마음을 닫고 자연스레 멀어질 것이다.

잊지 말자. 권위는 내가 내세우는 것이 아니라 사람들이 자연스레 받아들일 때 의미가 있다는 것을.

인정받으려 애쓰고 떼쓰는 사람

인정욕이 차고 넘치는 사람들이 많다. 인정욕이 과도하면 문제되는 것은 상대방을 깎아내리면서까지 자신을 높이고 인정받고 싶어 한다는 것이다. 회사에서나 친구관계에서도 자신이 잘하는 분야에 대해 정당한 평가를 받거나 장점에 대해 칭찬을 받으면 되는데, 굳이 상대방을 깎아내린다.

"이전까지는 매출이 100만 원이었는데, 제가 들어오고 200만 원으로 바뀌었습니다. 이전 담당자는 ○○○였습니다."

또는 이런 식으로 굳이 언급해 봤자 자신에게 피해가 가는 말을 아무렇지도 않게 한다.

"내가 솔직히 ○○보다 훨씬 더 너희를 잘 챙겨주지 않아?"

매슬로의 욕구 5단계에서도 자아실현과 인정에 대한 욕구가 상위에 있을 만큼 인정욕은 사람들에게 정말 중요한 요소다. 하지만 그게 너무 심해 상대방을 깎아내리는 말투나 떼를 쓰는 말투를 사용하는 것은 정말 조심해야 한다. 영화 <리플리>에서 맷 데이먼(Matt Damon)이 연기한 주인공

리플리도 자신의 부족한 부분을 인정하지 못하고 한 사람의 인생을 망가뜨린 뒤, 거짓말을 하며 그 사람의 인생을 대신 살려 했던 인물이다.

굳이 남을 깎아내리고 내 인생을 과장하면서까지 인정을 받을 필요는 없다. 그것은 스스로를 좀먹고 해치는 행위다.

잘난 체하며 상대방을 배려하지 않는 사람

"그것보단 이게 더 낫지 않아? 그거 별로던데."

이런 화법을 쓰는 사람들은 조심할 필요가 있다.

남자 친구와 3주년 기념 여행을 동남아 쪽으로 가기로 계획했던 내 친구의 이야기다. 친구는 지인의 말 한마디에 상처를 받고 몹시 기분 나빴던 일을 털어놓았다. 친구가 여행 계획을 이야기했더니 지인이 이런 말을 하더란다.

"3주년 여행을 동남아 쪽으로 가는 건 별로예요. 차라리 돈을 더 모아서 유럽으로 가지 그래요? 나 같으면 유럽 가겠다. 유럽이 훨씬 좋은데……."

친구는 그 말을 듣는 순간, 남자 친구와 행복한 시간을 보내리라는 기대감이 와장창 무너지고 지인에 대한 분노가 솟구쳤다고 한다. 나는 친구에게 이렇게 말해주었다.

“그냥 불쌍하게 여겨줘. 행복하게 갔다 오라고 하면 될 것을 굳이 그렇게 초를 치는 사람은 마음이 아픈 사람이니까. 더 가까이할 필요도 없는 거고.”

하지만 나 역시 친구와 같은 일을 겪었다면 굉장히 불쾌하고 언짢았을 것이다. 잘난 체하며 상대방을 배려하지 않는 언행을 하는 사람은 무조건 멀리하자. 그에게서 받는 스트레스가 생각보다 내 인생에 큰 영향을 미치므로 반드시 거리를 둘 필요가 있다.

02

건강한 예민함이 필요한 이유

인생을 살아가는 과정에서 굉장히 많은 문제를 만나지만, 그중에서도 가장 압도적인 비율을 차지하는 것은 바로 '인간관계'다. 양창순 대인관계연구소에서 조직원을 상대로 조사한 결과, 무려 86퍼센트의 사람들이 일을 하며 가장 힘든 것은 인간관계라고 답했다. 사람들은 기질적으로 맞지 않거나(21퍼센트), 원만하지 않은 커뮤니케이션(17퍼센트), 지나친 자기주장 때문에(16퍼센트) 순으로 인간관계를 힘들어하는 것으로 나타났다.

양창순 마인드앤컴퍼니 대표는 인간관계에는 3R이 있다

고 말한다.

첫 번째 R은 레코그니션(Recognition). 나를 인식하고 알아줬으면 좋겠다는 감정이다. 우리가 SNS를 통해 스스로를 맘껏 드러내고 사람들에게 보여주는 것도 이와 일맥상통한다. 사람들이 나를 인지하고, 알아주며, 나에게 관심을 가지기를 바라는 감정이다.

두 번째 R은 리스펙트(Respect). 나를 존중해줬으면 하는 감정이다. 인지하고 인식은 많이 하지만 나를 존중하지 않고 무시한다면 그것도 큰 스트레스를 야기한다. 연예인들은 이미지가 실추되는 사건 하나로 하루아침에 극단적 선택을 하기도 한다. 누군가는 그런 사소한 일로 왜 극단적 선택을 하는지 이해할 수 없다고 하겠지만, 사실 많은 사람에게 존중받지 못하고 무시당하고 손가락질을 당하는 기분은 당해보지 않은 사람은 알 수 없다.

세 번째 R은 리워드(Reward). 내가 한 것에 대해 어떤 식으로든 보상을 받았으면 좋겠다는 심리다. 보상에는 크게 내적 보상과 외적 보상이 있다.

내적 보상은 목적 달성 그 자체에 내적으로 만족감과 성취감을 가지는 것을 말한다. 상대방의 진심에서 우러나오는 칭찬이나 행동으로 인해 자신의 존재가치를 느끼는 심리다. 예를 들어 우리는 상대방이 "네가 이걸 해줘서 정말 기뻐" 하고 말할 때 그 사람에게 특히 감동을 받는다. 마음 깊숙이 인정받은 느낌이 들기 때문이다. 그래서 더 잘하려고 노력하고, 상대방의 기대치를 충족시키기 위해 말하지 않아도 스스로 행동한다.

외적 보상은 물질적인 것이다. 예를 들어 성적이 오른 아이에게 원하는 '휴대폰'을 사준다거나, 목표를 달성한 나에게 칭찬의 의미로 '여행'을 선물해주는 행위 등을 말한다.

이처럼 3R이 충족되지 않으면 우리는 항상 인간관계에서 갈증을 느낀다. 나를 좀 알아줬으면 좋겠는데, 나를 좀 존중해줬으면 좋겠는데, 성과를 낸 만큼 인정받았으면 좋겠는데…….

보상받지 못하고 인정받지 못한다는 기분은 상대방과 내 사이를 멀어지게 한다. 예를 들어 기대치가 20 정도였던 일을 내가 열심히 해서 50까지 끌어올렸다고 치자. 그런데 그 성과에 대해 "너무 잘했어요. 덕분에 정말 좋은 성과가 났어요" 하고 칭찬해주지는 못할망정 "더 잘할 수 있는데 왜 이렇게밖에 못했어?" 하고 다그친다면 어떻게 될까? 당연히 3R가 없어지고, 그렇게 되면 동기부여나 열정, 동력을 잃어버릴 수밖에 없게 된다.

이때 상대방에 대한 섭섭함을 그냥 속으로 삭이면 나만 힘들고 나만 상처받는다. 그리고 외면했던 감정이 계속해서 스멀스멀 올라와 나를 괴롭히다가 어느 순간 빵 터져버려 걷잡을 수 없게 되어버린다. 그렇게 되기 전에 다음과 같이 자신의 감정을 잘 표현하고 상대방에게 현명하게 전달하는 연습이 필요하다.

첫째, 내 생각을 정확히 표현해야 한다.

"네가 이런 행동을 해서 나는 기분이 좋지 않아."

"너의 그 말 한마디가 무례하게 느껴져."

"○○님이 그렇게 말한 의도를 잘 모르겠지만, 저는 그 말씀이 불쾌합니다."

이런 식으로 마음에 들지 않거나 애매한 부분이 있으면 반드시 표현하는 것이다. 상대방에게 미안하다는 이유로, 상처를 주고 싶지 않다는 이유로 자신이 상처받을 필요는 없다.

둘째, 나와 타인의 생각과 의견이 다름을 인정하고 받아들여야 한다.

내가 상대방에게 정확히 표현을 했더라도 상대방은 나와 의견이 다를 수 있다. 그럴 땐 "네가 잘못 생각하는 거야"라거나 "그건 아니지" 하며 무시하지 말고, "그렇게 생각할 수도 있겠네" 하며 존중해주자. 상대방의 의견을 존중해야 내 의견이 존중받는다. 나아가 틀림이 아닌 다름에서 더 나음을 발견할 수 있다.

셋째, 어떤 경우에도 끝까지 깔끔해야 한다. 상대방이 나에게 아무리 감정적으로 대해도, 화가 솟구치게 하더라도 끝까지 품위를 지켜야 한다.

미국의 44대 대통령 버락 오바마(Barack Obama)의 부인 미셸(Michelle)은 2016년, 민주당 전당대회장에서 이런 명언을 남겼다.

"When they go low, we go high."

직역하면, "그들은 저급하게 가더라도 우리는 품위 있게 간다"는 말이다. 이처럼 품위를 지키는 것은 굉장히 중요하다. 품위가 곧 그 사람의 능력을 뜻하기 때문이다. 상대가 아무리 저렴하게 나오더라도 끝까지 품위를 지키자. 분노와 모욕, 욕설 등의 감정을 날것으로 표현하지 말자. 품위가 나의 모든 것을 결정한다.

03

아는 것은 안다고,
모르는 것은 모른다고 하자

세상에는 알아야 할 것들이 정말 많다. 인터넷만 접속해도 '반드시 알아야 할 ○○가지', '우리가 절대 잊지 말아야 할 ○○에 대한 것' 같은 기사 제목이 넘친다. 우리가 절대 잊지 말아야 할 것이라는데 정작 나는 그게 뭔지도 모르는 상황이다.

바야흐로 정보의 홍수 시대다. 그만큼 지식은 도처에 널리고 널렸고, 그러다 보니 자칭 '전문가'들이 넘쳐난다. 몇 년 전 직장 동기들과 만남을 가졌을 때의 일이다. 그 자리에 참석한 사람들 중 나를 제외한 다섯 명이 모두 비슷한 일을 하고 있었다. 그들의 고충을 듣던 중에 나도 대화에 끼고 싶어서 괜히 아는 척했다가 친구들에게 핀잔을 듣고 말았다.

이와 비슷한 일이 주변에서 정말 자주 일어난다. 예를 들어 상대방이 전시회 가는 걸 좋아한다는 말을 듣고 딱 한 번 가본 사람이 이런 반응을 보이는 경우다.

"전시회, 좋죠. 힐링되고. 저는 이런 전시회가 진짜 좋더라고요."

차라리 이때는 이런 식으로 상대방의 의견을 물어보는 게 낫다.

"저도 전시회 한 번 가봤거든요. ○○전시회요. 그런데 가보고 나서 전시회는 지루하다, 재미없다는 고정관념이 많이 사라졌어요. 저한테는 그 경험이 굉장히 의미 있었죠. ○○님은 전시회를 많이 다녀보셨을 텐데, 전시회의 가장 큰 매력이 뭐라고 생각하세요?"

상대방에게 인정받으려고 모르는 것을 안다고 속이는 일은 그 당시에는 어떻게 넘어갈 수 있지만, 결국 신용을 잃게 된다. 신용은 정말 중요하다. 양치기 소년이 어떻게 되었는가? 진짜 늑대가 나타났을 때 아무도 양치기 소년을 도와주러 오지 않았다.

"내가 잘 아는데, ○○할 거야", "아마 그럴걸?" 하고 근거 없는 말을 사실인 양 꾸미고 지어내거나 개인의 생각을 마치 팩트인 것처럼 이야기할 경우 상대방에게 신용을 완전히 잃게 된다. 따라서 대화는 최대한 사실을 기반으로 해야 한다.

공자(孔子)는 “아는 것은 안다고 하고 모르는 것은 모른다고 하는 것이 바로 아는 것”이라 했다. 내가 모르는 것은 그냥 모른다고 인정하는 것이 장기적으로 보아 훨씬 현명한 선택이라는 뜻일 것이다.

어떤 이야기를 들었을 때 그 내용을 모르면서도 드러내고 싶지 않아서 또는 동조하고 싶어서 “어, 맞아 맞아. 그렇지!” 하고 맞장구치는 것보다는 “그런 게 있구나. 좀 더 얘기해줄 수 있어? 궁금하다” 하고 상대방에게 묻는 것이 낫다.

이때 “그런 것도 몰라?” 하고 핀잔을 놓는 사람은 극히 일부다. 대부분은 자신의 지식을 알려주는 데 희열을 느낄 것이고, 그러면 나는 이 기회에 상대방의 지식을 100퍼센트 흡수하면 된다. 만약 실제로 핀잔하는 사람이 있다면 그를 마음속에서 지워버리면 그만이다.

명심하자. 아는 척보다 훨씬 더 유용한 건 모르는 척이다. 진짜 현명한 사람들은 알면서도 모른 척한다. 170만 명이 넘는 구독자를 보유 중인 인터뷰 전문 유튜버 신사임당이 인터뷰이의 역량을 120퍼센트 끌어올리는 방법도 이것이다. 신사임당은 이미 다양한 분야에서 굉장히 많은 부자를 인터뷰했고, 그 덕분에 아는 지식도 정말 많다. 하지만 그는 새로운 인터뷰이가 나올 때마다 이미 아는 내용이어도 이런 식의 반응을 보인다.

"아, 그런 게 있어요? 완전 신기한데요. 혹시 자세히 말씀해주실 수 있나요?"

"와, 이건 몰랐던 거네요. 이 부분만 알면 그렇게 될 수 있다는 말씀이신가요?"

이렇게 인터뷰이에게 안정감을 주고 더 신나서 얘기를 할 수 있게 멍석을 까는 것이다. 만약 신사임당이 그 자리에서 "그건 뻔한 얘기잖아요"라거나 "구독자분들이 이미 다 아는 얘기라서 별 특별함이 없는 것 같네요" 한다면 김이 빠져서 인터뷰이가 자신의 역량을 발휘하기 어려울 것이다. 이것을 알기 때문에 신사임당은 인터뷰를 훨씬 더 전략적이고 지혜롭게 함으로써 최고의 인터뷰 전문 유튜버가 될 수 있었다.

정말 현명하게 대화를 하고 싶다면, 그 대화에서 상대방에게 호감을 사고 신용도 얻고 싶다면 괜히 아는 척하지 말고 모르는 것은 정중히 물어보라. 나아가 설사 아는 내용이더라도 잘 모르는 척하면 더 많은 정보를 얻을 수 있다. 상대방의 자신감을 올려주고 더 나은 대화를 이끌 수 있는 이 현명한 방법을 기억하자.

04

말싸움으로 이어지지 않게 만드는 말투, '하지만'

내 의사를 글로 표현하는 일을 많이 하다 보면, 'Yes, But 방법'을 많이 쓰게 된다. 예를 들어 내가 자존감이 높은 사람이 성공할 확률이 높다는 이야기를 하기 위해 이렇게 말한다면 어떨까.

"자존감이 높은 사람이 성공할 확률이 압도적으로 높아. 기본적으로 자존감이 낮은 사람은 상대를 배려하지 못하고 센스도 없고 열등감에 가득 차서 남의 인생을 열심히 저주할 줄만 알지 할 줄 아는 게 아무것도 없어."

이런 표현은 분명 반감을 많이 살 수밖에 없다. 왜냐하면 자존감이 높지 않은 사람들을 일종의 사회 낙오자, 루저

(Loser)로 취급하는 것이기 때문이다. 그런데 이때 Yes, But 방법을 쓰면 훨씬 더 낫다.

"자존감이 높은 사람이 성공할 확률이 높다. 그러나 자존감이 낮은 사람들 중에도 성공한 사람들이 있다. 이 사람들은 열등감을 성장 동력으로 사용하고, 또 그렇게 성과로 이뤄내기 때문이다. 하지만 그런 건강하지 못한 성장 동력은 어느 순간 갑자기 멈출 수도 있다. 그렇기 때문에 자존감이 높은 사람들이 건강한 성장 동력을 오래도록 갖고 성공할 수 있게 된다."

이런 식의 Yes, But 방법은 조금 덜 단호하지만, 훨씬 부드럽게 자신의 의견을 개진하는 좋은 방법이다. 이 방법은 말에도 120퍼센트 적용된다. 나와 의견이 다른 사람들과 건강하게 대화하고 토론하기 위해서는 반드시 이 방법이 필요하다.

우선 자신의 의견과 다른 사람들의 의견을 인정하는 Yes, 그런 다음 자신의 의견에 대한 생각을 개진하는 But이 반드시 필요하다. 예를 들어 대기업과 공기업에 대한 각자의 생각 차이에 대해 대화를 나눈다고 하자. L은 대기업이 워라밸(Work-life balance, 일과 삶의 균형)은 공기업에 비해 떨어지더라도 연봉이 많기 때문에 좋다고 생각하고, M은 공기업이 대기업보다 연봉은 적더라도 워라밸이 보장되고 안정적이라 좋다고 생각한다.

그런데 이때 서로가 Yes, But 방법을 쓰지 않고 각자의 의견만 주장할 경우 감정이 크게 상하고 싸우기 딱 좋다.

먼저 L의 말.

"야, 젊을 때 안 쉬고 돈을 벌어야 나중에 나이 들어서 편하게 살지. 그렇게 젊을 때부터 쉬는 것만 배워서 뭐 하게? 몸 건강할 때 굴려야 돼."

이에 대한 M의 말.

"이 자본주의의 노예야. 인생은 결국 행복하게 사는 건데, 돈만 벌고 자기 시간도 없이 그렇게 통장에 잔고만 쌓아두면 뭐 할래? 그리고 대기업이 연봉이 많긴 해도 월 2~3천씩 버는 것도 아닌데 왜 훈수질이야?"

이런 식으로 대화를 하면 문제가 훨씬 더 심각해진다. 하지만 이때도 Yes, But 방법을 쓰면 대화가 훨씬 더 부드럽게 개진된다. 즉, L이 대기업을 선호하는 이유에 대해 M이 이런 식으로 응수하는 것이다.

"물론 네 말처럼 대기업도 정말 좋다고 생각해. 우선 내가 일하는 만큼 돈을 받아 갈 수 있고, 또 그에 대한 성과도 보장되는 체계가 참 좋다고 생각해. 기본적으로 능력 있는 사람들이 많으니 배우는 것도 많을 테고. 하지만 나는 일과 삶의 밸런스를 계속해서 찾고 싶어. 너무 일에 매몰되는 게 아니라 적어도 하루에 두 시간 정도는 나를 위한 시간이 있어야 한다고 믿어. 그래서 퇴근하고 이런저런 취미를 즐기지. 그런 취미들이 내가 건강하게 사는 데 반드시 필요한 것들이라고 믿어. 그래서 출퇴근 시간이 일정하지 않고 퇴근 후의 시간도 보장하기 어려운 대기업보다는 돈은 좀 덜 벌더라도 출퇴근 시간이 확실하고 내 시간이 보장되는 공기업이 좋아."

이렇게 Yes, But 방법을 사용하면 서로를 존중하는 선에서 대화가 원활히 이루어지게 된다.

상대방을 존중하며 건전하게 의견 교류를 하고 싶다면 Yes, But 방법을 사용해보자. 먼저 상대방을 인정하고 그의 의견을 존중하는 태도를 보인 뒤 내 생각은 다르다는 것을 이야기하면 이를 싫어하거나 무시하는 사람들은 없다. 인간은 기본적으로 존중의 욕구가 있기 때문이다.

누군가와 의견이 다르다고 굳이 대립하기보다는 다시 한 번 이 구조를 기억하고 활용해보자. 장담컨대 훨씬 더 유익하고 수준 높은 대화를 나눌 수 있을 것이다.

05

건강한 대화를 위해 반드시 버려야 할 세 가지

상대방과 건강하고 발전적인 대화를 하고 싶다면 반드시 버려야 할 세 가지가 있다. 이 세 가지만 버리면 우리는 상대방과 훨씬 더 좋은 관계도 맺을 수 있다.

선입견

대화를 하기도 전에 상대방을 판단하고 재단하는 사람들이 있다. 직업이나 외모로 그 사람을 '이럴 것이다, 저럴 것이다'라고 판단하는 경우다. 이럴 때는 절대 건강한 대화를 할 수 없다. 예전에 나도 이런 식으로 사람을 섣불리 판단했다가 곤욕을 치른 적이 있고, 누군가가 나를 섣불리 판단하는 바람에 굉장히 불쾌했던 적도 있다.

오랫동안 직업군인으로 있었던 나는 직업군인에 대해 편견이 있는 사람과 대화를 나눈 적이 있다. 그는 직업군인은 '보수적이다, 발전적이지 않다, 틀에 박힌 일을 한다'는 편견을 갖고 있었다. 그래서 대화를 제대로 나누기도 전에 내가 직업군인이라는 얘기를 듣고 태도가 돌변했다. 내가 무슨 말을 하든 건성으로 듣는 게 눈에 보일 정도였다. 20분 정도의 대화를 통해 나는 '다시는 이 사람과 어떤 얘기든 하지 않아야겠다'고 다짐했다.

사실 직업과 관계없이 발전적이고 진취적인 삶을 살고 있었고, 충분히 그 사람의 분야에 도움을 줄 수도 있었다. 그런데 그는 단지 내가 직업군인이라는 이유로 자신의 프레임을 씌워 나를 함부로 판단했으므로 나 역시 그를 그런 식으로 판단할 수밖에 없었다.

살다 보면 이와 비슷한 사람들을 많이 만난다. 고향이 다르다는 이유로 "그 지역 사람들은 절대 믿을 수 없어" 하거나, 나이가 많다는 이유로 "나는 그 나이대와는 소통 자체가 안 돼" 하고 관계 발전 가능성을 완전히 차단해버린다.

건강한 대화를 위해 우리에게 가장 필요한 태도는 바로 이 선입견을 버리는 것이다.

열등감

예전에 나는 열등감이 심한 편이었다. 나보다 잘난 사람들을 보면 인정하지 못했고, 그들에게 열등감을 느끼다 보니 만나고 싶지도 않았다. 만나 봤자 열등감만 더 심해질 거라고 생각했기 때문이다. 그런데 열등감으로 똘똘 뭉쳐 살다 보니 내 인생에는 전혀 변화가 없었고, 그것을 극복하려고 노력하자 인생이 놀랍게 변하기 시작했다.

사람들을 만나다 보면 종종 “걔는 타고났잖아. 나랑은 달라”, “걔는 집이 잘살잖아. 나는 글렀어” 하면서 자신의 한계를 재단하고 상대방에 대한 강한 열등감으로 무장한 사람들을 보게 된다.

이런 열등감은 건강한 대화에 전혀 도움이 되지 않는다. 건강한 대화란 무엇일까? 상대방을 존중하고 또 인정하며 그 안에서 발전적인 뭔가를 발견하고 삶에 적용하는 대화다. 그러므로 열등감일랑 떨쳐버리고 건강한 자존감으로 상대를 인정하며 나의 한계를 재단하지 말자.

기대

대화를 할 때 '이 사람을 만나면 최소한 이런 것들은 배우겠지', '이 사람과 대화를 하면 이런저런 것들을 알게 되겠지' 하고 상대방에게 무엇을 얻을지 기대하는 사람들이 있다. 하지만 기대는 필연적으로 실망을 불러온다.

내 경우도 나에게 뭔가를 바라고 기대하면서 찾아온 사람들과 대화를 하다 보면 굉장한 부담감을 느끼며, 또 이후에는 그 사람들을 만나지 않게 된다. 반면 나에게 뭔가를 기대하지 않는 사람들과 대화를 하다가 접점이 맞아 서로에게 많은 것을 주고, 또 좋은 관계로 발전하는 경우도 있었다.

그러니 너무 많이 기대하지 말자. 과도한 기대는 필연적으로 실망을 불러오고, 또 상대방에게 부담을 주게 된다.

06

대화가 삼천포로 빠지지 않게 하는 법, '그리고'

대화를 나누다 보면 이런 생각을 하게 만드는 사람들이 있다.

'그래서 뭘 말하고 싶은 거지?'

'도대체 대화의 주제가 뭘까?'

'왜 여기서 갑자기 이런 말을 하는 거지?'

결국 핵심은 없고 자기가 하고 싶은 말만 하다 보면 대화는 산으로 가고, 그 산으로 가는 대화를 듣는 상대방은 지치거나, 화가 나거나, 얼른 자리를 뜨고 싶거나 셋 중 하나의 감정을 느끼게 된다.

비즈니스 관계로 소개를 받아 처음 만난 분이 있었다. 그분과 커피를 한잔하며 대화를 나누는데 몹시 부담스러운 상황이 연출됐다. 소개를 받았다고는 하지만 만난 지 30분도 안 된 나에게 자신의 가정사며 어렵게 살아온 이야기까지 다 털어놓았던 것이다. 사실 나는 전혀 궁금하지 않은 이야기였는데 말이다.

분명 내 얼굴에서 지루함을 느꼈을 법도 한데, 그분은 전혀 아랑곳하지 않고 자기 이야기를 이어갔다. 자신은 이렇게 솔직하게 모든 걸 오픈하는 성격이라면서. 그런데 솔직한 것과 부담스러운 것은 다르다. 대화의 '때'에 맞는 솔직함은 그 사람의 매력을 배가시키지만, 쓸데없는 솔직함은 반대로 매력을 반감시킨다.

예를 들어 어느 정도의 스몰토크(Small Talk)로 대화를 시작한 뒤, 서로 공감대가 형성되면 그때 어떻게 살아왔는지에 대한 이야기를 자연스럽게 꺼낼 타이밍이 생긴다. 이때 자신의 이야기를 솔직하고 담백하게 꺼내면 상대방이 훨씬 더 잘 받아들일 테지만 그런 타이밍이 아니라면 굳이 할 필요 없다.

다음에서 대화가 삼천포로 빠지지 않게 하는 방법 세 가지를 알아본다.

'그리고'라는 말을 자주 쓰라

'그리고'는 어찌 보면 억제장치와 같다. 예를 들어 누군가와 일에 관련된 이야기를 한창 나누는데 갑자기 상대방이 여자 친구 얘기를 한다고 가정해보자. 이때는 '그런데'라는 단어가 훨씬 잘 어울린다.

"민창 님, 그런데 여자 친구 있다고 하셨잖아요. 얼마나 만나신 거예요?"

이렇게 대화의 흐름을 바꿀 때는 '그런데'가 맞지 '그리고'는 상당히 어색하다. 그러므로 만약 대화의 흐름을 잡는 데 어려움을 겪고 있다면 대화 주제를 갑자기 바꾸기 전에 '그리고'라는 접속사를 한번 사용해보자. '그리고'는 대화가 삼천포로 빠지지 않도록 스스로에게 경각심을 주는 요소가 될 수 있다. 스스로에게 금하는 것이다.

'그리고'를 사용하는 순간, 앞의 흐름과 비슷한 방향으로 이야기를 이어가야 한다는 무의식이 발동된다. 이때 잠깐 대화할 거리가 생각나지 않으면 "잠시만요" 하고 잠깐 생각해도 된다. 그렇게 알맞은 흐름으로 적당한 타이밍에 끊는 감만 익힌다면, 나중에는 훨씬 더 유려한 말하기 기술을 갖게 될 것이다.

대화에 맞는 예시를 찾으려 노력하라

삼천포로 자주 빠지는 사람들은 다양한 대화 주제를 다루고 싶어 한다. 이는 어찌 보면 특별히 잘하는 게 없는 애매한 능력치의 스포츠 선수와 같다. 이런 선수는 특별한 능력이 없기 때문에 절대 감독이 선택하지 않는다. 대화도 마찬가지다. 지식이 얕으면 대화가 절대 이어질 수 없다. 그래서 대화가 삼천포로 빠지는 사람들은 자신의 얕은 지식이 드러나지 않게 하려고 대화 주제를 자주 바꾸거나, 상대방이 듣고 싶어 하지 않는 말을 계속한다.

이럴 때는 우선 한 가지 주제에 맞는 대화를 하되, 자신의 의견을 좀 더 잘 드러낼 수 있는 예시를 찾는 것이 좋다. 예를 들어 누군가가 나에게 글을 잘 쓰는 방법을 물어보았을 때 다음과 같은 흐름은 굉장히 부자연스럽다.

"글? 그냥 뭐 많이 쓰면 되지. 근데 사실 나는 유튜브가 중요한 것 같거든. SNS를 시작해야 할 것 같아."

상대방의 질문에 성의 없이 대답하는 데다 전혀 다른 주제로 튀어서 상대방을 당황하게 만들고 짜증나게 할 수 있다. 만약 이 주제로 말할 때 이런 예시를 들면 어떨까?

"우리가 노래방에서 좋아하는 노래를 부를 땐 가사를 안

보고도 그냥 부르잖아. 너무 많이 불러봐서 귀에도 익고 몸에도 익었으니까. 아마 수천 번은 더 불러봤겠지. 나는 글도 마찬가지라고 생각해. 6년 전만 해도 세 줄을 쓰는 데 세 시간이 걸렸거든. 그런데 그냥 그렇게 꾸준히 계속 썼어. 노래방 애창곡 부르듯이 말이야. 그렇게 꾸준히 썼더니 글 실력이 많이 늘더라고."

이런 식으로 하나의 주제를 다룰 때 최대한 빨리 예시를 찾는 습관을 들이면 대화가 삼천포로 빠지지 않는 것은 물론, 말 잘한다는 칭찬도 심심찮게 들을 수 있다.

숫자로 말하라

말을 잘하는 사람들, 이야기가 삼천포로 빠지지 않는 사람들에게서 보이는 공통적인 특징 중 하나는 말을 시작하기 전 자신이 어떤 내용의 말을 어떻게 할 것인지 이야기한다는 것이다. 강의를 잘하는 사람들은 보통 강의 시작 전 자기소개를 이런 식으로 한다.

"반갑습니다. 《말하기 전에 생각했나요?》 외 다섯 권의 책을 쓴 권민창 작가입니다. 저는 오늘 여러분께 반드시 여러분을 성공하게 만드는 세 가지 사소한 습관에 대해 말씀드리려 합니다."

이렇게 처음부터 숫자로 사람들을 집중시키는 것이다. 그래서 자신이 대화를 잘 못하고 요점을 파악하지 못하는 편이라면 스몰토크에서도 의식적으로 숫자를 쓰는 게 좋다. 예를 들면 이런 식이다.

"내가 사업을 하지 않고 직장 생활을 지속하는 이유가 세 가지 정도 있어. 첫째는 독립에 대한 두려움이야. 둘째는 불안정함이 나에겐 큰 스트레스로 다가와. 셋째는 돈을 많이 버는 데 집중하기보다는 내 삶의 밸런스를 찾고 싶어서야."

스몰토크에서도 계속 연습해보면 상대방을 집중시킬 수 있고, 세 가지를 이야기했기 때문에 진짜 중요하게 생각하는 세 가지만 간략하게 말할 수 있다. 그리고 이것을 학습해서 익숙해지면 나중에는 정말 간결하고 깔끔하게 말하는 능력을 갖추게 된다.

명심하자. 대화는 서로의 배려로 만들어진다. 내가 하고 싶은 말을 두서없이 상대방에게 전달하는 것은 계속해서 무례를 저지르는 것과 같다. 이 점을 유념한다면 대화의 기술이 이전보다 훨씬 더 나아질 것이다.

07

열린 질문은 늘
대화를 즐겁게 만든다

배움을 좋아하다 보니 강의도 많이 듣고 또 많은 사람들과 대화도 자주 한다. 그러다 보면 좋은 질문으로 상대방의 대화 역량을 120퍼센트 끌어올리는 사람들을 만난다.

예를 들어 H가 "저는 술을 좋아해요" 하고 말한다면 "아, 저도 좋아해요" 하고 그 말을 받아치는 것도 좋지만, 거기서 나아가 이렇게 질문을 던진다.

"그럼 술을 얼마나 자주 드세요?"

"특히 좋아하는 주종이 있으세요?"

술을 좋아한다고 했으니 H는 암묵적으로 술에 대한 대화라면 어떤 내용이라도 호의를 보일 확률이 높다. 예상대로 좋아하는 주종이 무엇이냐는 질문에 H의 얼굴에는 화색이 돌았고, 이후의 대화는 아주 재미있게 진행되었다.

주변에 있는 말 잘하는 사람들을 보면 자신이 궁금한 것보다 상대방이 대답하고 싶어 하는 것을 먼저 물어본다. 그리고 어느 정도 라포(Rapport, 신뢰관계)가 형성된 뒤 자신이 궁금한 것을 질문한다. 이와 관련해 예전에 당황스러운 일을 겪은 적이 있다.

여자 팀원 한 명, 남자 팀원 한 명과 점심을 먹은 뒤 산책을 하고 있었는데, 여자 팀원이 남자 친구 이야기를 꺼냈다. 사귄 지 얼마 되지는 않았고, 직업은 공무원이며, 성격이 좋다고 한참 남자 친구 자랑을 하던 차에 남자 팀원이 갑자기 물었다.

"결혼하실 거예요?"

순간 분위기가 싸해졌다. 왜냐하면 두 사람은 그런 질문을 할 만큼 가까운 사이가 아니었기 때문이다.

"요즘엔 부모님도 그런 질문을 안 한다던데……."

내가 나서서 애써 다른 주제로 넘겼지만, 분명 여자 팀원은 기분이 좋지 않았을 것이다. 어쩌면 '연애의 종착지가 꼭 결혼이어야만 해? 초면에 이게 무슨 예의 없는 질문이야?' 하는 생각을 했을지도 모른다.

소통의 대가이자 처세술 전문가인 데일 카네기(Dale Carnegie)는 스테디셀러 《데일 카네기 인간관계론》에서 이런 명언을 남겼다.

"상대방이 대답하고 싶어 하는 질문을 하라."

강의가 아닌 이상 친하지 않은 상대와는 더욱더 조심해야 할 부분이다. 내가 정말 궁금한 게 있더라도 라포가 형성되기 전에 그런 질문을 함부로 던졌다간 자칫하면 그 사람과의 관계가 끝날 수 있다.

하버드경영대학원 앨리슨 우드 브룩스(Alison Wood Brooks) 교수는 '대화'에 대한 연구를 하다 놀라운 결과를 얻었다. "사람들은 필요한 만큼 질문하지 않는다"는 것이다. 인터뷰나 데이트, 회사 미팅 등에서 대화를 나눈 뒤 대다수가 "상대방이 나한테 질문을 더 많이 했으면 좋았을 것 같아요", "상대방이 질문을 너무 안 해요" 하고 불만을 털어놓았다는 것이다.

이처럼 사람들은 상대방이 자신에게 관심을 가져주길 바란다. 내가 어떤 사람인지 궁금해하고 물어봐주기를 원한다. 그것 자체가 나의 가치를 존중받고 존재감을 확인하는 과정이기 때문이다.

대화의 가장 중요한 요소 두 가지는 정보 교환과 이미지 관리다.

정보 교환은 말 그대로 서로에게 유익한 대화를 나누는 것이다. 코인 정보, 주식 정보, 부동산 정보뿐만 아니라 소개팅이나 이성 관련 정보도 나눈다.

둘째는 이미지 관리다. 목소리, 외모, 분위기 등 상대방이 호감을 가질 만한 요소를 갖추고 있다면 이 또한 대화에서 큰 비중을 차지한다.

이 두 가지는 밸런스가 맞지 않아 어느 쪽이 유독 높거나 낮아도 안 된다. 이때 밸런스를 맞추는 매개체는 바로 질문이다. 정보 교환과 관련된 대화에서 내가 잘 모른다고 가만히 있지 말고 상대방을 존중하는 가운데 질문을 해보는 것이다.

"그래서 서울 부동산 투자에 대해서는 어떻게 생각하세요?"

"내 집 마련이 꿈이라는 30대 직장인에게 해줄 말씀이 있으세요?"

이런 식으로 질문을 하고, 그 질문 내용이 주제에서 크게 벗어나지 않는다면 장담컨대 상대방은 당신에게 호감을 가질 것이다. 나아가 대화도 훨씬 더 좋은 방향으로 발전할 수밖에 없다.

하버드대학원 연구진은 온라인 채팅이나 스피드 데이트 등에서 만난 참가자들이 서로 알아가면서 자연스레 주고받은 대화 내용을 조사했다.

연구진은 그룹을 질문을 많이 하는 A그룹(15분간 최소 9개 이상), 질문을 적게 하는 B그룹(15분간 4개 이하)으로 나눈 뒤, 그들의 목적에 맞게 상대방을 대해달라고 부탁했다. 결과는 놀라웠다.

온라인 채팅에서 질문을 많이 했던 A그룹은 상대방의 관심사를 잘 파악한다는 이미지를 주면서 상당한 호감을 얻었다. 독서와 요리, 운동 등 상대방이 선호하는 활동에 대해 질문을 많이 했던 이들은 정답을 맞힌 확률이 B그룹에 비해 훨씬 높았다.

스피드 데이트에서도 마찬가지로 질문을 많이 한 A그룹이 두 번째 만남에 성공했다. 사실 데이트마다 하나만 더 질문해도 다음에 또 만나겠다는 사람을 (총 20번의 만남으로 구성된 스피드 데이트에서) 하나씩 더 늘릴 수 있었다.

상대방에게 열린 질문을 한다는 것은 상대방과의 관계를

이어가고 싶다는 진심의 표시이기도 하다. 그러므로 대화를 할 때 항상 열린 질문을 하려고 노력하자. 그 열린 질문이 상대방과의 발전적 대화를 이끌 것이다.

08

대화를 잘하는 사람들의 다섯 가지 공통점

같은 말을 반복하지 않는다

예전에 사람들을 만날 때 나는 습관적으로 '이제'라는 단어를 썼다.

"내가 그때 이제 그걸 하려고 했거든. 근데 이제 하면서 이제 문제가 좀 생긴 거야. 이제 이게 크게 좀 알려졌고, 이제 그러다 보니 이제 나도 당황스러웠지."

이런 식으로 계속 대화를 진행했는데, 이 문제를 알게 된 것은 불과 몇 년 전이었다. 사람들 앞에서 강의하며 피드백을 받을 기회가 있었고, 그 피드백에는 "강사님의 강의는 좋은데 같은 단어를 반복해서 듣기가 좀 불편했다"라는 내용이 적혀 있었다. 그 피드백을 읽고 약간 충격을 받은 뒤 이후로 '이제'를 안 쓰기 위해 계속 신경을 썼다. 그러다 보니 말이 훨씬 유려하고 부드러워졌다.

대화를 해보면 말을 잘하는 사람들은 절대 같은 말을 반복하지 않는다. 예를 들어 부자에 대해 말을 할 때, 부자라는 단어를 반복하기보다는 돈 많은 사람들, 경제적 자유를 이룬 사람들 등 다양한 방식으로 표현한다. 그럼으로써 지루하지 않고 훨씬 다채로운 대화가 가능해진다.

나는 글에서도 항상 반복되는 단어를 최대한 줄이라고 강조한다. 예를 들어 '부지런하다'라는 단어를 근면하다, 성실하다, 늦게 자도 새벽 6시에는 일어난다, 자신이 세운 목표는 무슨 일이 있어도 이룬다 등으로 바꿔서 다채롭게 표현하는 방식이다.

게임의 경우도 마찬가지다. 흥행이 잘되는 게임들을 보면 업데이트가 빠르다. 퀘스트나 게임을 다 이해한 유저들이 지루함을 느끼기 전에 새롭게 업데이트를 하고 계속 신선함을 제공하는 것이다. 게임도 대화도 상대방을 절대 지루하게 해서는 안 된다.

많이 듣고 잘 반응한다

대화를 잘하는 사람들의 공통점 중 하나가 바로 리액션이다. 그들은 상대방의 말을 끝까지 듣고 리액션을 적극적으로 한다. "진짜?", "정말 그랬어?", "와, 그랬구나. 난 몰랐어" 하며 상대방의 흥을 돋우고, 그로 인해 대화는 훨씬 즐거워진다. 단언컨대 자신의 말을 잘 들어주고 반응도 적극적으로 해주는 상대방을 싫어하는 사람은 없다.

즐거운 대화를 위해서 굳이 말을 잘하려고 노력하거나 화법을 공부할 필요는 없다. 그저 상대방의 이야기를 귀 기울여 듣고 적극적으로 반응해줄 수 있으면 된다.

맥락을 잘 파악한다

대화를 나누다 보면 핵심이 그게 아닌데 "응?" 하게 만드는 사람들이 꼭 있다. 이들의 공통점은 맥락을 파악하는 능력이 부족하다는 것이다.

맥락이라는 말은 여러 가지를 포함하고 있다. 같은 주제로 계속 대화를 나누다가 조금 지루하거나 루스(Loose)하다고 느낄 때 다른 주제로 빠르게 전환하거나, 뭔가 아쉽다고 느낄 때 주제와 관련해 자신의 이야기를 좀 더 솔직하게 털어놓아 더 깊은 대화를 유도한다.

대화를 잘하는 사람들은 이런 식으로 대화 도중에 상대방의 반응을 계속 살피며 맥락을 확인한다. 그런 사소한 배려 덕분에 대화가 훨씬 더 즐겁고 유익해진다.

배운 게 있으면 반드시 적용한다

대화를 잘하는 사람들의 공통점은 배운 것을 반드시 적용한다는 것이다. 자신이 대화를 하며 센스 있다고 느낀 상대방의 화법이나 행동을 다음에 적용해본다. 마찬가지로 자신이 대화를 하며 지루하고 재미없다고 느낀 행동이나 화법을 다른 사람에게는 결코 쓰지 않으려 한다. 이처럼 대화에서 배운 나쁜 점은 버리고 좋은 점만 가져가므로 이들은 당연히 대화를 잘하게 되어 있다.

자기 성찰을 잘한다

자신의 부족함을 겸허히 인정하고 받아들인다. 상대방이 말의 속도나 주제 선정 등 대화에 대해 아쉬운 점을 말해줄 경우 그것을 개방적으로 받아들이고 고치려 노력한다.

자기 성찰은 자신의 행동이나 마음에 대한 반성과 살핌을 뜻한다. 이는 자신의 생각과 감정을 알고 깊이 분석해 조절할 수 있는 능력이다. 자기 성찰을 잘하는 사람들은 많은 경험과 실수 및 실패를 통해 자신의 부족한 점을 알고, 상대방을 인정하고 존중하며, 더 나은 대화를 위해 계속해서 스스로를 점검한다.

"대화는 당신이 배울 수 있는 가장 좋은 기술이다. 만약 당신이 그것을 습득하려는 의지만 있다면 당신은 삶의 모든 부분의 질을 급격히 향상시킬 수 있다."

_ 브라이언 트레이시(Brian Tracy, 미국의 비즈니스 컨설턴트)

Chapter 07

관계를 부드럽게 만드는 말의 비결

01

말을 끊으면 관계도 끊긴다

대화를 해보면 꼭 그런 사람들이 있다. 자신이 말을 할 땐 상대방이 반드시 들어줘야 하는 반면, 상대방이 말을 하려고 하면 말을 끊고 자기 얘기만 하는 사람들 말이다. 이런 사람들의 공통점은 '자기 증명' 욕구가 강하다는 것이다. 대화의 주도권을 잡아 자기 증명을 하고 그로써 상대방에게 인정받고 싶은 것이다.

내 주위에도 이런 지인이 있었다. 그의 특징은 바로 어떤 지식이든 자기화한다는 것이었는데, 예를 들면 이렇다. 그는 축구 선수 출신 N과 대화를 하고 있다. N이 축구 선수를 준비하며 겪은 에피소드와 힘든 점을 이야기하는데, 그가 갑자기 말을 끊고는 자신의 이야기로 자연스럽게 변환시킨다.

"내가 아는 형도 축구 선수가 되려고 했었는데. 나도 원래 축구를 하려고 했는데, 다른 걸 더 잘해서 관뒀지 뭐야. 그런데 생각해보면 그때 관두길 잘했어."

자기 증명 욕구가 강한 사람들은 이렇게 상대방의 경력이나 지식을 무용하고 별 볼일 없게 만들고, 상대방의 재미있고 유익한 이야기도 단 몇 마디만 얹어서 자기 것으로 만들어버린다. 이런 사람들은 대화를 할 때도 항상 조급하다. 상대방의 말을 경청하고 배려하지는 못할망정 머릿속은 온통 '어느 타이밍에 들어가서 끊고 주도권을 가져오지?' 하는 생각으로 가득하다.

대화란 기본적으로 소통이고, 혼자 하는 것이 아니라 상대방과 하는 것인데도 이들에게 대화는 자신을 증명하는 장에 불과하다. 훨씬 더 효율적인 축구 플레이를 위해서는 상대방과 패스도 주고받으며 경기를 만들어가야 하는데, 자신의 개인기가 뛰어나다고 팀원을 믿지 못하고 혼자 드리블을 하다가 빼앗기는 경우와 비슷하다.

이렇게 상대방의 말을 끊는 사람들에게는 세 가지 공통점이 있다.

내 말이 곧 진리다

이들에게 세상의 중심은 늘 자기 자신이다. 자신이 믿는 세상이 무조건적으로 진리고, 자신이 아는 정보가 세계에서 가장 뛰어난 지식이다. 자신이 살아온 관념과 가치관으로만 세상을 바라보고 다른 의견은 철저히 묵살한다.

누군가와 대화를 할 때 그런 적이 있을 것이다. 한창 이야기를 열심히 하고 있는데, 상대방이 갑자기 말을 뚝 끊으며 한마디를 내뱉는다.

"그건 네가 잘 몰라서 그래."

"그건 내가 더 잘 아는데……."

이는 회사에서도 마찬가지다. 독불장군형 리더, 꼰대형 리더들은 부하 직원이 자신의 의견에 불만 없이 따라주길 바라고 이를 부하 직원에게 강요한다. 간혹 자신의 의견에 대해 조목조목 반박하는 부하 직원이 있으면 "그 부분은 내가 잘못 생각했네" 하거나, "그건 자네 말이 맞아" 하지 않는다. 떼를 써서라도 어떻게든 자신의 체면과 자존심을 지키고 권위를 세우려 한다. 그래서 논리적으로 현실적으로 조목조목 반박하는 부하 직원을 통제하고 제재하려 한다.

말이 정말 많다

"사람들은 자신의 약점을 지적당하면 말이 많아진다."

독일의 소통 전문가 코르넬리아 토프(Cornelia Topf)의 말이다.

예전에 사업차 미팅을 갔는데 한 회사의 대표가 자기 회사를 어필하느라 열을 올리고 있었다. 그때 누군가가 그 회사에 대해 날카로운 질문을 했다. 그러자 회사를 어필하느라 정신이 없던 회사 대표는 갑자기 말이 많아졌다. 말은 길어졌지만 사실 별 볼일 없는 내용이 대부분이었고, 그중 80퍼센트 이상은 자기변호에 불과했다.

독일의 의사이자 작가인 한스 카로사(Hans Carossa)는 이런 명언을 남겼다.

"잘 알면 세 마디로 족하다. 잘 모르니 서른 마디가 필요한 법이다."

이처럼 상대방의 말을 끊고 어떻게든 자기 증명을 하려 하는 사람들은 말의 앞뒤가 맞지 않고 궤변도 심하다. 자신이 진짜 잘 알아서가 아니라 "자신이 대단한 사람이라는 것을 증명하고 싶어서" 말을 끊는 것이기 때문이다. 모르는 것을 억지로 아는 척하다 보니 하는 말의 대부분은 변명뿐이다.

공감력이 현저히 떨어진다

애초에 이들에게는 대화가 커뮤니케이션이 아니라 일방적인 주입에 불과하다. 그렇기 때문에 상대방이 말하는 시간은 경청하며 그에게 집중하는 시간이 아니라 자신이 다음에 할 말을 준비하는 시간이다. 당연히 상대방이 어떤 이야기를 해도 귀에 들어오지 않는다. '어느 타이밍에 말을 끊을까?' 호시탐탐 기회만 엿볼 뿐이다.

상대방의 이야기를 경청하지 않고 건성건성 듣는 태도는 자연스럽게 전해지고, 그런 무례를 당한 상대방은 당연히 말을 끊는 사람을 좋게 생각할 수 없다.

이와 같이 습관적으로 상대방의 말을 끊고 있다면, 어떻게든 자신이 대화의 주도권을 가져오는 데만 큰 정성을 쏟고 있다면 다시 한번 스스로를 돌아보길 바란다. 대화는 일방향이 아닌 쌍방향으로 이루어져야 한다. 더 이상 상대방을 청자로만 둘 것이 아니라 생산적인 대화를 나누며 함께 성장해나간다면 훨씬 더 바람직한 인간관계를 형성할 수 있을 것이다.

02

딱딱한 관계를 부드럽게 만드는 언어

초면에도 살갑게 다가와 인사를 해주며 남다른 친화력을 보여주는 사람이 있는 반면, 몇 번이나 봤는데도 여전히 딱딱하고 어색한 사람들도 있다. 이런 사람들과 대화를 하다 보면 굉장히 불편하고 가시방석에 앉은 것 같은 느낌이 든다.

다음에서 이런 사람들과 편하고 부드럽게 대화하는 방법을 알아보자.

친절한 말투를 쓰라

영화 <원더>에 이런 대사가 나온다.

"옳음과 친절함, 둘 중 하나를 골라야 할 때는 친절함을 골라라."

인간관계나 인생에서 그만큼 친절함이 중요한 가치라는 것을 나타내는 장면이었다. 이는 대화도 마찬가지다. 상대방과 가까워지고 싶다면 정확히 팩트를 전달하거나 사실만 말하는 것보다 조금은 과장되고 약간의 허구가 섞여도 친절하게 상대방을 배려하며 기분 좋게 만드는 것이 훨씬 더 중요하다.

예를 들어 어떤 문제가 발생했다고 하자. 관계가 이미 경직되고 딱딱해진 상태다. 이때 상대에게 갑자기 이렇게 따진다면 어떨까?

"이 부분은 네가 확실히 잘못한 건데 어떻게 할 거야?"

그러면 이미 경직된 관계가 더욱 경직되거나 활화산처럼 타오를 확률이 크다. 이럴 때는 부드럽고 친절한 언어로 경직된 상대방을 이완시킬 필요가 있다. 인간관계에서는 돌직구도 필요하지만 변화구로 헛스윙을 유도할 때도 있어야 한다.

"이건 이런 일로 벌어졌는데, 이 부분에 대해 어떻게 생각해?"

"내가 이런 점은 잘못했고, 앞으로는 이런 식으로 대처하고 싶은데, 혹시 도와줄 수 있어?"

이렇게 물음표로 끝나는 권유형 문장으로 마무리하는 것이 "이건 네가 다 잘못한 거잖아?" 하고 직접 따지는 것보다 좋다.

쿠션 언어를 쓰라

쿠션은 의자나 소파, 탈것의 좌석 같은 데 편히 앉도록 솜, 스펀지, 용수철 따위를 넣어 탄력 있게 만든 부분이다. 주로 푹신푹신함의 대명사로 알려져 있다. 이처럼 언어도 부드러운 완충장치가 있어야 한다.

상대방에게 불편한 부탁을 할 때는 그냥 "도와주세요" 하기보다는 '죄송합니다만', '번거로우시겠지만', '괜찮으시다면', '실례합니다만' 같은 단어를 앞에 배치하라. 그러면 상대방이 당신의 요구를 들어줄 확률이 훨씬 높아진다.

이런 단어를 쓴다는 것 자체가 상대방에 대한 배려가 몸에 밴 사람이라는 증거다.

결과가 아니라 생각을 물어보라

어린 시절, 공부가 정말 싫었다. 공부가 싫은 이유는 단순했다. 시험을 치고 집에 가면 항상 부모님이 시험 점수를 물어보셨고, 좋지 않은 점수를 받았을 때는 늘 이렇게 말했기 때문이다.

"왜 그것밖에 못했니?"

지금 돌이켜봐도 이런 질문에는 딱히 할 말이 없다. 질문의 의도 자체가 명확하기 때문이다. 좋은 결과를 내지 못한 것을 질문으로 압박하는 것이다. 이렇게 답을 정해놓고 하는 질문은 상대방에게도 나에게도 좋지 않다. 자연히 관계가 경직될 수밖에 없다.

이럴 때는 서로의 잘잘못을 어떻게든 따지며 상처를 주기보다 '어떻게'라는 질문을 많이 쓰는 것이 좋다.

"어떻게 하면 다음에는 좀 더 나은 성적을 받을 수 있을까?"

이런 식으로 같이 고민하면서 결과가 아닌 방법을 찾으

면, 경직되고 딱딱한 관계가 순식간에 편안하고 부드러워진다.

상대방과 의견이 다르더라도 일단 동의하라

서로 의견을 나누다 보면 맞지 않는 부분이 있고 또 가치관이 다르다는 것을 확인하는 부분도 있다. 당연하다. 살아온 환경도 다르고, 직업도 다르며, 경험한 것도 모두 다르기 때문이다. 그런데 자신과 상대방의 의견이 다른 것을 '다름'이 아니라 '틀림'으로 받아들이는 순간, 갈등은 심화되고 관계는 딱딱해질 수밖에 없다.

"그건 아닌 것 같아요", "그건 아닌데요" 하고 말하면 상대방이 이를 무시하는 것으로 받아들여 사소한 갈등이 큰 싸움으로 이어질 수도 있다. 이럴 때는 우선, "그렇게 생각하실 수도 있겠네요", "그 말도 맞습니다", "좋은 의견 감사합니다" 등의 말로 상대방의 의견에 동의하라. 짧은 동의만으로도 상대방은 존중을 받았다고 느낄 것이고, 그러면 대화는 훨씬 더 부드러워진다.

딱딱하고 어색한 사람들과 대화를 할 때는 앞에서 이야기한 네 가지를 반드시 기억하고 실천해보길 바란다. 이 방법을 적용하면 훨씬 더 유익하고 발전적인 대화를 하게 되고, 서로가 서로에게 도움이 되는 관계로 나아갈 수 있다.

03

결정적 순간에 재치 있게 말하는 법

결정적인 순간에 재치 있게 말하는 사람들이 있다. 이 사람들은 어떻게 말을 해야 사람들이 자신에게 집중하는지 정확히 알고 있다.

이들은 다음과 같은 특징을 보여준다.

본론부터 말하기

다음 두 문장에서 어느 쪽에 더 집중이 잘되는지 한번 확인해보라.

"어릴 때는 가난해서 어떻게든 가난을 극복하기 위해 열심히 살았는데 성인이 돼서도 여전히 가난했습니다. 저는 이 가난을 극복하기 위해 굉장히 다양한 일을 했습니다. 이러이러한 것들을 했는데요……."

"저는 오늘 여러분과 가난뱅이에서 부자로 가기 위해 가장 필요한 삶의 태도 한 가지를 다뤄보겠습니다. 어릴 때는 가난해서……."

아마 90퍼센트 이상이 후자를 택할 것이다. 이처럼 상대방과 대화할 때 본론부터 말하는 습관은 굉장히 재치 있는 습관이다. 미괄식이 아니라 두괄식으로 문장을 구성한 것이다. 미괄식은 글로 쓰인 콘텐츠에서는 자주 볼 수 있지만, 글이 아닌 말에서는 최악이다.

사람들의 집중력은 그리 오래가지 않는다. 주제 없이 장황하게 말을 늘어놓는 당신을 기다려줄 여유를 가진 사람은 없다.

구체적으로 말하기

재치 있게 말하는 사람들은 대부분 맛깔나게 말한다. 이 맛깔은 어디서 나오는 것일까? 바로 구체적인 표현에서 나온다. 나는 이를 글에서는 구체적인 문장(Specific Sentence)이라 명명하고, 글을 쓸 때 가장 중요한 방법 중 하나라고 가르친다.

말에서도 마찬가지다. 예를 한번 들어보겠다.

"어제 친구를 만났는데 재밌게 놀았어."

"어제 3시쯤 강남역 9번 출구 근처 스타벅스에서 초등학교 동창이랑 10년 만에 만났어. 커피 마시면서 이런저런 얘기를 하다 보니 5시간이 5분 같더라."

여기서 전자와 후자의 가장 큰 차이는 상상할 수 있느냐 없느냐다. 전자는 머릿속에서 상상이 되지 않는다. 그냥 문장을 그대로 읽고 '그렇구나' 할 뿐이다. 하지만 후자는 다르다. 강남역 9번 출구라는 구체적 장소를 말함으로써 상대방의 머릿속에 상상할 거리를 만들어준다. 강남역 9번 출구는 누군가에게는 소개팅의 메카이며, 또 누군가에게는 많은 인파에 둘러싸여 에너지가 빠져나가는 곳이다. 이처럼 각자 상상을 하며 상대방의 대화에 빠져들게 된다.

돌이켜보면 재치 있게 말하는 사람들은 항상 그다음 말을 기대하게 하는 재주가 있었다. 스토리텔링에 탁월하며, 구체적으로 말을 이어간다. 만약 당신이 재치 있게 말하고 싶다면 이 구체성을 반드시 기억하라. 당신이 하는 말을 최소한 두 배는 더 재미있게 만들어줄 것이다.

누구나 공감하는 주제 공유하기

재치 있게 말하려면 기본적으로 상대방에 대한 정보를 많이 알아야 한다. 재미라는 것은 철저히 '공감'의 영역에서 이루어지기 때문이다. 코미디언들이 재치 있는 이유도, 사람들의 허를 찔러 많은 웃음을 주는 이유도 바로 이 공감에서 나온다.

최근에 핫한 유튜버 '너덜트'나 '숏박스'라는 채널에서는 살아가며 누구나 공감할 만한 소재를 다룬다. '당근 마켓 거래'라든가 '마감 30분 남은 미용실 이용' 등 누구나 경험해봤을 법한 주제를 다룸으로써 사람들의 공감을 얻어낸다.

이처럼 재치 있게 말하려면 상대방에 대한 관심이 필요하다. 먼저 공감할 수 있는 주제가 무엇인지 찾아야 한다.

자신이 클라리넷에 조예가 깊더라도 상대방이 그에 대해 잘 모르고 관심이 없다면 주구장창 클라리넷 이야기만 할 게 아니라 누구나 좋아할 만한 주제나 관심사를 찾아야 한다. 사람들이 관심을 보이면 그것이 훨씬 더 잘 통하는 주제라고 볼 수 있다.

이처럼 재치는 타고나는 것이라기보다는 노력의 산물이다. 사람들이 어떤 이야기를 좋아할까, 어떻게 하면 많은 사람에게 재미있게 다가갈 수 있을까를 고민하는 선한 마음에서 비롯되는 것이다.

그러니 재치 있게 말하고 싶다면 앞에서 말한 세 가지를 반드시 기억하자. 이를 기억했다가 대화에서 실천한다면 분명 '재치 있는 사람'이라는 호평을 듣게 될 것이다.

04

차라리 침묵이 나을 때가 있다

사람들은 흔히 대화의 주도권을 잡는 쪽은 말을 많이 하는 쪽이라는 착각을 하곤 한다. 하지만 이것은 사실과 다르다. 말을 많이 하면 분명 관심을 받을 수는 있겠지만 그 관심의 방향이 과연 긍정적인지, 부정적인지를 따져봐야 한다.

수많은 사람들이 말로 인해 흥하기도 하지만 말로 인해 한순간에 나락으로 떨어진다. 당장 2022년 올해만 봐도 그렇다. 대선 후보들이 한순간의 실언으로 지지율이 폭락하기도 하고 이미지에 치명적인 상처를 입는다.

이처럼 말이라는 것은 날카로운 칼과도 같다. 필요할 때는 더없이 유용하게 쓰이지만, 그 날카로운 칼끝이 자신을 향하면 굉장히 무서운 약점이 된다.

로마제국의 시인이자 작가 푸블릴리우스 시루스(Publilius Syrus)는 이런 명언을 남겼다.

"나는 종종 내가 한 말을 후회한다. 하지만 침묵한 것을 후회한 적은 한 번도 없다."

침묵은 대화에서 정말 중요한 요소다. 애매하게 아는 척했다가 망신을 당하거나 상대방과의 갈등에서 침묵하지 않고 감정적인 말을 내뱉었다가 돌이킬 수 없는 관계가 된 경우도 있을 것이다.

그러므로 대화에서 침묵은 반드시 필요하다. 그리고 침묵을 어떻게 사용하느냐에 따라 그 효과는 훨씬 더 커진다. 다음에서 침묵의 장점에 대해 이야기해본다.

침묵의 기술이 말에 무게를 싣는다

경연 프로그램들을 보다 보면 MC가 이런 '침묵의 기술'을 많이 쓴다.

"최종 우승자는 바로… (5초 정도 침묵 후) ○○○입니다!"

그러면 객석에서는 우레와 같은 박수가 쏟아지고 환호성이 터진다. 만약 침묵하지 않고 "최종 우승자는 ○○○입니다!" 하고 발표했다면 아주 밋밋했을 것이다. 이처럼 침묵의 기술은 말에 무게를 실어준다.

예를 하나 들어보겠다. 친구가 나에게 무례한 말을 했다고 가정할 때 "네가 나한테 어떻게 그렇게 말할 수 있어?" 하고 바로 쏘아붙이는 것과, "음… (잠깐 침묵) 그렇게 생각한다니 유감이네" 하고 텀을 둔 뒤 자신의 의사를 이성적으로 전하는 것은 효과 면에서 큰 차이가 있다.

같은 것을 말하더라도 훨씬 더 설득력 있고 진실돼 보이며, 말하는 사람에게 무게를 실어주는 것이 바로 침묵의 장점이다.

침묵은 그 사람을 가볍게 생각지 않게 한다

말이 많은 사람을 일컬어 '촉새'라 한다. 물론 나쁜 뜻이어서 요즘은 잘 사용되지 않지만, 그만큼 말이 많은 것은 장점보다 단점이 많고 이미지가 가볍게 소비될 가능성이 크다는 것을 알려준다.

많은 사람 가운데 돋보이고 싶어서 어떻게든 말로 주목을 받으려 한다면, 겉으로는 당신에게 관심을 갖는 것 같을지라도 자칫하면 '광대'가 될 수도 있다. 그러니 너무 급하게 자신의 모든 것을 어필하지 말고, 침묵할 때는 확실히 침묵하라. 그러면 훨씬 더 내공 있고 빛나 보인다.

갈등 상황에서는 침묵이 필요하다

앞서 말했듯 갈등 상황에서도 반드시 침묵이 필요하다. 격분한 감정을 곧이곧대로 드러낼 경우 '너무 감정적인 사람'으로 보일 수 있다. 행여 상대방이 당신을 도발한다 해도 급하게 받아칠 필요는 없다. 무시하거나 침묵하면 된다. 그런 무시나 침묵은 상대방에게 이런 말을 하는 것이나 같다.

"나는 당신의 질 낮은 도발에 반응할 만큼 저품질이 아닙니다."

잊지 말자. 시의적절한 침묵은 말보다 훨씬 설득력이 있다는 것을.

05

모든 사람을 대화에 끌어들이는 기술

일대일 대화에서는 큰 상관이 없는데 다수가 대화에 참여할 경우 대화에 끼지 못하고 겉도는 사람이 분명 생긴다. 이런 사람들을 어떻게 대화로 끌어들일 수 있을까?

미시간대학교 연구팀은 인간관계에서 사회적 상호작용을 하면 즉각적으로 인지력이 활성화되는 효과가 있다고 발표했다. 즉, 사회화로 뇌를 단련하면 똑똑해진다는 것이다. 상대방과 교류하고 대화를 나누며 많은 경험을 하다 보면 사회화가 되고, 이는 결국 우리 인생에 매우 긍정적인 영향을 주게 된다.

그럼에도 불구하고 이 '사회화'를 위해 잘 모르는 누군가에게 말을 거는 것, 낯선 환경에 적응하는 것을 힘들어하는 사람들이 있다. 이들을 대화의 장으로 끌어들이고 함께 상호작용을 하며 성장할 수 있는 방법을 다음에서 알아본다.

상대방과 공유하고 싶은 것을 생각하라

열 명이 대화를 한다고 할 때, 소수만 공감하는 주제로 계속해서 대화를 이끌어간다면 당연히 그 대화에서 고립되는 사람이 생길 수밖에 없다.

모두를 만족시킬 순 없어도 최소한 모두를 대화에 참여시키고 의견을 나눌 수 있게 해야 한다. 그러려면 상대방과 공유하고 싶은 것을 생각하고 나누려 노력해야 한다. 특정 주제가 아니라 대중적으로 충분히 소비될 수 있는 주제를 생각하고 그 방향으로 대화를 이끌기 위해 노력해야 하는 것이다.

구체적으로 질문하라

질문을 할 때 상대방이 '아, 이 사람이 내 말을 경청했구나', '이 사람이 나에게 큰 관심이 있구나', '이 사람이 나를 진심으로 존중해주는구나'라는 생각이 들게 해야 한다. 그러려면 구체적으로 질문을 해야 한다.

예를 들어 누군가가 자신의 힘들었던 경험을 이야기했다면, "그중에서 어떤 점이 가장 힘들었어요?"라고 질문하는 것보다는 이렇게 구체적으로 질문하는 것이 좋다.

"지금 힘들었던 경험을 얘기해주셨는데, 저는 특히 초등학교 5학년 때 학교에 부모님이 와서 부끄러웠다는 이야기가 가장 와닿았습니다. 저도 그런 경험을 한 적이 있고요. 혹시 괜찮으시면 그때 어떤 감정을 느꼈는지 구체적으로 말씀해주실 수 있을까요?"

질문을 구체적으로 하려고 노력하면 상대방이 호감을 가질 수밖에 없고, 어느새 누구보다 적극적으로 대화에 참여하게 될 것이다.

비언어적 요소를 활용하라

미국 캘리포니아대학교 심리학과 명예교수 앨버트 메라비언(Albert Mehrabian)은 상대방에 대한 인상이나 호감을 결정할 때 말하는 내용은 겨우 7퍼센트만 작용한다는 연구 결과를 발표했다. 놀랍게도 말과 관련 없는 보디랭귀지가 무려 55퍼센트나 영향을 주는 것으로 나타났다.

이처럼 내가 하는 말의 내용보다는 상대방의 말을 어떤 태도로 듣는지, 어떤 신체적 반응을 하는지가 매우 중요하다. 나는 경청한다고 했지만 다리를 꼬고 턱을 괴고 상대방의 말을 듣는다면, 상대방은 '내 말이 지루한가?' 하고 자신감을 잃을 수도 있다.

따라서 대화를 할 때는 적극적으로 내가 상대방의 말을 경청하고 있다는 것을 온몸으로 드러내자. 적극적으로 고개를 끄덕여주고 중간중간 추임새도 넣어주면서 상대방이 신나게 말할 수 있게 만들자.

앞에서 말한 세 가지 방법을 잘 활용한다면 어떤 사람이든 대화에 즐겁게 끌어들일 수 있을 것이다.

"그 사람의 인격은 그가 나누는 대화를 통해 알 수 있다."

_ 메난드로스(Menandros, 고대 그리스의 신희극 작가)

에필로그

사소한 말 한마디의 힘

"날은 춥지만 마음은 따뜻해."

이런 말을 들어봤을 것이다. 마음이 따뜻하다는 것은 비유다. 진짜 마음이 뜨겁거나 따뜻한 것이 아니라 그렇게 느껴질 만큼 좋은 감정을 느꼈다는 뜻이다.

예전에 나는 항상 직설적이고 날카로운 말로 사람들의 마음을 차갑게 만들었다. 그리고 그 차가운 유리를 말 한마디로 날카롭게 깼고, 상대방은 내 말로 인해 큰 상처를 받았다. 하지만 여러분은 그러지 않았으면 좋겠다. 아름다운 말로, 예쁜 말로 상대방의 마음에 꽃을 심어주고 그 꽃이 예쁘게 잘 자랄 수 있게 옆에서 기다려주고 배려해줬으면 좋겠다.

여러분이 이 책을 읽고 많은 것을 삶에 적용하려고 애쓰기보다는 딱 하나만 가져갔으면 좋겠다. 결국 사람의 마음을 움직이고 따뜻하게 만드는 것은 그 무엇과도 바꿀 수 없는 '진심'이다. 진심으로 상대방의 말을 경청하고 배려한다면 그리고 그에 맞는 반응을 진심으로 보여준다면, 단언컨대 상대방이 여러분을 싫어할 일은 절대 없을 것이다.

그러니 이제부터라도 내가 하는 말을 돌아보고 신경 쓰자. 명심하자. 사소한 말 한마디로 상대방은 나를 판단한다. 사소한 말 한마디로 상대방은 나의 모든 것을 본다. 아름다운 말로, 배려 깊은 말로, 상대를 기다려주는 여유 있는 말로 상대방과 좋은 관계를 형성하기를, 그로 인해 여러분이 행복한 인생을 살기를 진심으로 바란다.

말하기 전에 생각했나요?

초판 1쇄 발행 2022년 4월 8일
초판 3쇄 발행 2022년 10월 28일

지은이 권민창
펴낸이 떠오름

기획 손힘찬
편집 권희중, 권기우, 오지예
디자인 산타클로스
마케팅 전효민, 고경표, 이민지, 김하나
영업관리 박현정

펴낸곳 주식회사 떠오름
출판등록 제2021-000002호(2020년 4월 28일)
주소 서울특별시 서초구 강남대로 479, 비1층 122호
전화 070-4036-4586 **팩스** 02-6305-4923
홈페이지 www.risebooks.co.kr
이메일 tteoreum9@nate.com

값 15,800원

ISBN 979-11-92372-00-6 03190